新世纪农村普法读本

依法治国之送法下乡

农村征地补偿及
土地承包维权法律手册

（案例应用版）

孙才涛◎著

中国政法大学出版社

2015·北京

依法治国之送法下乡丛书编委会

专家顾问

序　言

土地是财富之母，劳动是其父。

——佩蒂

　　1950 年 6 月 28 日，中央人民政府通过了《中华人民共和国土地改革法》，明确提出了土地改革的任务。在党的指引下，从 1950年到 1953 年春在全国范围内掀起了轰轰烈烈的土地改革运动，农民无偿分得土地和生产资料；1951 年 9 月，中共中央召开全国第一次农业互助合作会议，制定了《中共中央关于农业生产互助合作的决议（草案）》，决议要求全党把农业互助合作当作一件大事去做。在党的政策引导下，我国农村的互助合作运动健康稳步地向前发展；中共中央以 1980 年 75 号文件下发《关于进一步加强和完善农业生产责任制的几个问题》，文件提出，加强和完善农业生产责任制，在不同地方、不同社队，要根据实际情况，采取各种不同的形式，不可拘泥于一种模式，搞一刀切；文件肯定了包产到户的社会主义性质；1982 年 9 月，中共"十二大"对以包干到户为主要形式的农业生产责任制给予充分肯定，双包责任制得到进一步推广和完善；1993 年，中共中央、国务院又在《关于当前农业与农村经济发展的若干政策措施》中提出在原定的耕地承包期到期后，再延长 30 年不变的政策，并且允许土地使用权依法有偿转让。至此，基本上实现了以联产承包责任制为中心的农村经济体制改革的第一步；2002 年 8 月 29 日，全国人大常务委员会第二十九次会议通过了《中华人民共和国农村土地承包法》，并决定于 2003 年 3 月 1 日起施行。这部法律把家庭承包经营制度中比较成熟的做法固定下来，为以后农民能够以法律维护自身的土地权益提供了武器，它以法律的形式赋予农民长期而有保障的农村土地承包经营权；2003 年 10 月 11 日，中共十六届三中全会召开并通过了《中共中央关于完善社会主义市场经济体制若干问题的决定》，指出要长期稳定并不断完善以家庭承包经营为基础、统分结合的双层经营体制，依法保障农民对土地承包经营的各项权利，要完善土地流转办法，确保农户可依法、自愿、有偿流转土地承包经营权，要改革征地制度，完善征地程序；十七大上报告指出坚持农村基本经营制度，稳定和完善土地承包关系，按照依法自愿有偿原则，健全土地承包经营权流转市场，有条件的地方可以发展多种形式的适度规模经营；十八届三中全会报告提出，坚持农村土地集体所有权，依法维护农民土地承包经营权，发展壮大集体经济。稳定农村土地承包关系并保持长久不变，在坚持和完善最严格的耕地保护制度的前提下，赋予农民对承包地占有、使用、收益、流转及承包经营权抵押、担保权能，允许农民以承包经营权入股发展农业产业化经营。鼓励承包经营权在公开市场上向专业大户、家庭农场、农民合作社、农业企业流转，发展多种形式规模经营；2014 年 11 月 21 日，《关于引导农村土地经营权有序流转发展农业适度规模经营的意见》提出，按照中央统一部署、地方全面负责的要求，在稳步扩大试点的基础上，用 5 年左右时间基本完成土地承包经营权确权登记颁证工作，妥善解决农户承包地块面积不准、四至不清等问题。以上关于党在不同时期的农村土地政策的概述，清晰地向人们展示了党对农村土地问题的重视。

近年来，随着我国工业化进程的加快，农民的承包地被征用涉及的补偿纠纷时时见诸报端，由于不懂法律，有的农民甚至采用极端的手段来维权，结果可想而知。因此，普及农村征地补偿及土地承包法律知识，增强农民维权意识显得至关重要。本书以小问题引出案例或者故事的形式展开，首先是一个现实的村里故事或典型案例判例。本书既有贴近农村现实的发生在我们身边的故事，也有法院的经典判例，更有生活中相关的真实案例，使得读者最大程度的融入其中，读起来不至于感到晦涩难懂。其次是编者对其中涉及法律问题的解读。通过问题解读法律是关键，通过对法律的解读，使读者明白自己维权的方式方法。最后是故事或案例涉及的法律依据。编者精选与问题最相关的基本法条，使得读者对于自己用得着的法律一目了然，便于寻找相关的法律依据。

编者衷心地希望，本书能够为农民征地补偿与土地承包维权提供鲜活的例子和明确的指引，希望所有的农民朋友都能够以此获取法律的力量，学会运用法律理性的维权。

孙才涛

2014 年 12 月于中国政法大学

目 录

1

1 "外嫁女"的子女能否获得征地补偿?

典型事例

甲的母亲乙系福建省厦门市 A 村集体经济组织成员，取得了 A 村土地承包经营权。2004 年，乙与张某结婚，户籍仍留在 A 村。2005 年 2 月，甲出生，户籍亦随母亲登记在 A 村。2005 年间，国家征用了 A 村部分土地，为此，该村制订了方案，向每位集体经济组织成员发放征地补偿款 4000 元，亦向乙发放，但却拒绝支付甲补偿款。甲遂诉至法院，请求判令被告 A 村村委会支付征地补偿款 4000 元。被告辩称，甲系在分配基准时间 2004 年 11 月 19 日之后出生，因此无权参与补偿款分配。一审法院认为，被告通过的征地补偿款分配的基准时间为项目征用某土地政府公告发布之日，即 2004 年 11 月 19 日，该约定并未违反法律法规的禁止性规定。原告出生于基准时间之后，故无资格参与此次分配，遂于 2010 年底驳回原告诉讼请求。甲不服，提起上诉。二审法院认为，甲出生后，随母亲乙将户口落户于 A 村。由于乙系 A 村集体经济组织成员，应视为甲原始取得 A 村集体经济组织成员资格。该村征地补偿款分配方案规定从 2004 年 11 月 19 日至 2008 年 12 月 31 日止，凡嫁入、出生、抱养并落户的，给予分配；而甲出生于 2005 年 2 月 25 日，故其主张有事实依据，应予支持，而被告辩称甲属"外嫁女"的子女，不适用该条款，法院不予支持，遂判决甲获赔 4000 元。

法律分析

这起征地补偿案争议焦点是村规民约的效力问题。村规民约是依照国家法律、法规和政策，适应村民自治要求，由广大村民制定的一种行为规范，是村民共同意志和利益的集中表现。村规民约在推进社会主义新农村建设等方面发挥着积极作用，是法律和国家政策在农村基层组织的自治体现。但在实际工作中，一些村规民约存在着内容片面或脱离实际、制定程序不合法等问题，有违国家相关法律、法规和政策，特别体现在农村征地补偿方面。

实践中，对于村规民约是否有效，甲应否获得土地补偿款有以下几种不同的观点：第一，现在村里的"外嫁女"外嫁到别的地方，在本村基本都属于挂户，都没有尽到村民的义务，要与本村村民区分开来，"外嫁女"不应当获得征地补偿，"外嫁女"的子女更不应当获得征地补偿；第二，村规民约是村民自治的体现，应尊重村民的自治权，本案原告不在被告村里生活，只是户口在村里，征地补偿分配方案是经过村民讨论的，村委会是按照方案规定的基准日将原告排除在赔偿范围外，并没有侵犯原告权利，原告不应获赔；第三，"外嫁女"在未取得其他保障前，村民资格不能取消，她们和原户口所在地村民一样享有同等权利，她们的子女同理，应获得补偿；现在对于"外嫁女"补偿，有的地方赔，有的地方不赔，标准不一，建议"外嫁女"获赔的，子女同样获赔；"外嫁女"不获赔的，子女同样不获赔；第四，"外嫁女"的赔偿问题，要适度，如果法律规定可以赔的才能赔偿，但也要考虑村民自治，二者不要冲突太大，这个案件"外嫁女"已获赔，其子女也应当获赔。案例中，法院判决维护了甲的利益，主要是基于以下考虑。

1. 村规民约应符合国家相关法律、法规和政策。本案属于村规民约规范范围，但村规民约自治过程不能与法律或政策产生冲突。目前，就征地补偿款的分配问题，法律尚无明文规定，没有统一的标准，各村只是根据当地的村规民约行事。有的村是以地为标准，有承包地就享有分配权，无承包地则不享有分配权；而有的是以户口为标准，有户口的就享有分配权，无户口的则没有分配权。就"外嫁女"来说，如果娘家所在地是以户口为标准，因其已"外嫁"，户口有可能已迁至婆家，就没有了分配权；而其婆家所在地有可能实行的是以土地为标准，因其婆家土地承包30年不动，其没有承包地，就也不享有分配权。所以，因村规民约的不统一，可能会造成"外嫁女"分配权两边落空的现象；反之，也会造成娶进的媳妇占有双份补偿的情况，形成利益分配上的不均衡、不合理。因此，在进行征地补偿款分配中，要充分保障每个集体经济组织成员或村民享有平等的待遇，正确地处理利益关系，这是一个亟待解决的问题。

据悉，近年来，农村征地补偿款纠纷案数量呈上升趋势。引发农村征地补偿款纠纷案数量呈上升趋势的原因主要有三点：相关法律、法规尚不健全；农村土地30年延包工作不规范；少数村规民约不合法、不合理。尤其当前，很多村民委员会或村民小组擅自决定分配事务，对"外嫁女"、招婿、丧偶、离异及继子女、大中专在校生、义务兵等处理不当，继而引发争议。由于土地补偿村规民约缺乏相应规范，导致很多村民只能通过诉讼、信访等途径维护自己的权益，明显反映出农村在制定村规民约发放补偿过程中存在一些问题，并且影响范围十分广泛。这类纠纷争议焦点，集中体现在因征地补偿款的分配法律规定不完善，对村规民约部分条款内容合法性的争议。这类纠纷案件一审判决后，被告村民委员会大部分都会上诉。因为村规民约大部分都是村民委员会所制订，所以判决后他们往往不服，上诉率达到95%左右。有的虽已经认识到所订的村规民约有违法律，但也不肯轻易同意判决，只能以上诉来拖延时间。这些情况造成诉讼成本加大，司法资源极大浪费，也影响到法律的严肃性。

2. 本案原告甲应获得土地补偿。原告因出生落户而原始取得 A 村集体经济组织成员资格，征地补偿款分配方案规定，从 2004 年 11 月 19 日起至 2008 年 12 月 31 日止，凡嫁入、出生、抱养并落户的给予分配，而原告出生于 2005 年 2 月 25 日，故其主张有事实依据，应予支持。村委会对其母的成员资格已予以认可，其亦应认定为成员。本案中，村民委员会根据征地补偿分配方案，强调 2004 年 11 月 19 日为基准日，之前出嫁的"外嫁女"子女不分配，但没有注意到发放基准日跨度及其顺延问题，也就是"从 2004 年 11 月 19 日起至 2008 年 12 月 31 日止，凡嫁入、出生、抱养并落户的给予分配"这条规定适用于原告。法院扩大了对村规民约的理解，认为子女因父母为原始成员而取得资格，不应认定"外嫁女"子女不分配征地补偿款。

3. "外嫁女"及子女的合法权益应得到保障。"外嫁女"外嫁之后，是不是就跟娘家所在地这个村集体一刀两断、再没有任何关系了呢？"外嫁女"的子女是否更无法获得权益？当涉及分红、补偿等事项时，只要是关系到"外嫁女"，就是"泼出去的水"，根本没有份了呢？在部分农村，一些村干部的态度与"土政策"就是这样，这显然是有问题的。如果相关的收益产生于女子外嫁之前，即便她们外嫁了，而且将户口也迁走了，仍然应该享受；而假如女子虽然外嫁了，但户口仍然留存原村，她们还是村里的一员，那么，相关的收益分配当然也有她们的一份。在这个问题上，发生过很多的争议，争论的焦点就是村干部的"土政策"与"外嫁女"权益之间的争论。只是很多"外嫁女"，没有强烈的权利意识，一旦外嫁，对于自己在原村还拥有的权利，往往采取一种懒得去争的做法。好在如今，有越来越多的"外嫁女"开始注重争取自己应该享受的权利。此次 A 村的"外嫁女"乙,虽然自己外嫁了,但自己的户口还在娘家所在村,儿子的户口也在娘家所在村。她明白,自己虽是"外嫁女",但仍是娘家所在村的成员,儿子当然也一样,因此,既然有征地补偿,儿子当然也有一份。于是,在跟村干部协商无果之后,通过打官司来为儿子争取补偿。因为她所争取的关键,不是这区区 4000 元钱,更是儿子依法应该享有的合法权益;而败诉了的,也不仅是村干部,更是"我的地盘我做主"的老观念与村规民约"土政策"。

4. 应谨慎对待"外嫁女"相关权益问题。本案中,二审法院扩大了对村规民约基准日的理解,是合理的。司法实践中,如果村规民约将"外嫁女"权益排除在外,该如何处理?妇女外嫁他村同样得依靠土地存活,逻辑上有两种极端的处理方案和两种折中的处理方案。极端的处理方案:一是,在本村和嫁入的村都不参加生产分配,这样实际上剥夺了她们生存的资格;二是,本村保留分配,嫁入的村也同样分配,这样违背了按劳取酬的原则,使"外嫁女"成了一个特权阶层。两种极端的处理都是不公平的,因而不可取。折中的处理方案:一是,继续在本村参加劳动分配,在所嫁入的村不参加劳动分配;二是,停止本村的劳动分配,改为在男方村劳动分配。对此,实践中,大多数的法官持有以下的观点。首先,户口没有迁出留在本村的"外嫁女",可以采取折中的处理方案,且只能选择其一。村委会应在分配前将方案交由"外嫁女"选择,如不选择的"外嫁女"视为放弃在本村分配资格;村委会未将方案交由"外嫁女"选择的,一律视为同意"外嫁女"在本村分配;其次,户口迁出本村的"外嫁女",则本村不予分配,改为男方村分配;再次,已经享受男方村同类利益分配的"外嫁女",本村不予分配。另外,对于嫁到城市的"外嫁女"(嫁城姑娘),如果户口没有迁出留在本村,可予以分配,但应将分配情况告知男方居住地居委会，避免以后出现相关重复利益取得的情况；如果户口已迁出，则不予分配。

法律依据

《妇女权益保障法》第32条："妇女在农村土地承包经营、集体经济组织收益分配、土地征收或者征用补偿费使用以及宅基地使用等方面，享有与男子平等的权利。"

第33条第1款："任何组织和个人不得以妇女未婚、结婚、离婚、丧偶等为由，侵害妇女在农村集体经济组织中的各项权益。"

2 村干部私分集体土地征地补偿款如何定性？

典型事例

2002年1月，某乡村支书陈某、村主任陈某某、报账员吴某等村干部在高速公路征地过程中，协助人民政府从事土地征用面积的登记、造册、上报补偿款的管理、发放等工作。该村被征用的土地经过测量到户后，经核算，该村集体土地补偿款共计19万元。由于乡农经站要求用村建设工程项目报领该土地补偿款，陈某等三人经过商量，虚构一些工程项目套领其中第一笔补偿款11万元，并决定将其中一笔1.2万元用于三人私分。该11万元套领出来后，其中9.8万元用于抵销村招待费用等开支，另外12000元陈某等三人私分，每人分得4000元。

法律分析

对被告人陈某、陈某某和吴某等人的行为如何定性，存在两种意见。第一种意见认为陈某、陈某某和吴某等人的行为构成贪污罪。其理由是，根据《全国人大常委会关于〈中华人民共和国刑法〉第93条第1款的解释》的规定，陈某、陈某某和吴某等人协助人民政府从事土地征用补偿费用的管理，属于《刑法》第93条第2款规定的"其他依照法律从事公务的人员"，而且陈某、陈某某和吴某等人利用职务上的便利，非法占有了剩余土地补偿款，其行为属于贪污行为；第二种意见认为陈某、陈某某和吴某等人的行为构成职务侵占罪。理由是，土地补偿款归村集体经济组织所有，土地补偿款在分配入村财务账后，即成为村集体财产，此时，农村基层组织人员对土地征用补偿款管理的性质应属于村自治或者经营事务，而非协助人民政府从事行政管理工作的公务。陈某、陈某某和吴某等人侵占的对象是村集体财产，其行为属于职务侵占行为。

在对本案定性之前，必须要厘清一个问题：土地补偿款在分配入村财务账后，农村基层组织人员对土地征用补偿款的管理是属于村自治或者经营事务，还是属于协助人民政府从事行政管理工作的公务？土地补偿款在入村集体账目之前，农村基层组织人员对土地征用补偿款管理的性质应属于协助人民政府从事的行政管理行为；土地补偿款在入村集体账目之后，根据《土地管理法实施条例》第26条第1款"土地补偿费归农村经济组织所有"及《村民委员会组织法》第5条第3款"村民委员会依照法律规定，管理本村属于村农民集体所有的土地和其他财产"的规定，土地补偿款在分配入村财务账后，即成为村集体财产，此时，农村基层组织人员对土地征用补偿费用管理的性质应属于自治或者经营事务，而非协助人民政府从事行政管理工作的公务行为。所以，本案中，陈某、陈某某和吴某等人侵吞土地补偿款是利用了其管理村集体财产的职务便利，而不是利用了协助政府从事公务职务上的便利，依最高人民法院《关于村民小组组长利用职务便利非法占有公共财物行为如何定性问题的批复》规定，对村民小组组长利用职务上的便利，将村民小组集体财产非法占为己有，数额较大的行为，应当依照刑法第 271 条第 1 款的规定，以职务侵占罪定罪处罚。因此，对陈某、陈某某和吴某等人应以职务侵占罪定罪处罚。

法律依据

《农村土地承包法》第 59 条："违反土地管理法规，非法征收、征用、占用土地或者贪污、挪用土地征用补偿费用，构成犯罪的，依法追究刑事责任；造成他人损害的，应当承担损害赔偿等责任。"

《刑法》第 271 条："公司、企业或者其他单位的人员，利用职务上的便利，将本单位财物非法占为己有，数额较大的，处五年以下有期徒刑或者拘役；数额巨大的，处五年以上有期徒刑，可以并处没收财产。

国有公司、企业或者其他国有单位中从事公务的人员和国有公司、企业或者其他国有单位委派到非国有公司、企业以及其他单位从事公务的人员有前款行为的，依照本法第 382 条、第 383 条的规定定罪处罚。"

第 382 条："国家工作人员利用职务上的便利，侵吞、窃取、骗取或者以其他手段非法占有公共财物的，是贪污罪。

受国家机关、国有公司、企业、事业单位、人民团体委托管理、经营国有财产的人员，利用职务上的便利，侵吞、窃取、骗取或者以其他手段非法占有国有财物的，以贪污论。

与前两款所列人员勾结，伙同贪污的，以共犯论处。"

3 承包人死亡后征地补偿款能否继承？

典型事例

老王有五个子女，分别为原告王二、王三、王四、王五、被告王一。王二赡养老王到 2000 年，后老王由被告王一赡养，直到 2009 年 7 月老王去世。办理老王丧葬事宜时，原告王二、王一各拿出 7000 元，原告王三、王四、王五各拿出 3000 元。1998 年，被告所在的村分地时，村里按被告户上五口人给被告家分的地，五口人分别是老王、被告王一及被告的妻子王某、被告的两个儿子。土地承包经营权证书上登记的承包户主为王一，共分得承包土地四亩，承包期间为 1998 年 9 月 30 日至 2028 年 9 月 30 日。2011 年 6 月该承包土地被征用，每亩土地补偿标准为 49664 元，但村委给付村民土地补偿款时，实际上八分地按八分五给付的补偿款。2012 年 5 月底，被告拿到了土地补偿款。原告认为，父亲的那部分补偿款是父亲的遗产，应扣除原、被告为父亲办理后事各拿出的钱后，余款 28200 元作为遗产由姐妹五人继承（原告应继承 5640 元）。但被告不同意，要一个人独占。经多次协商无果，原告诉至法院，要求将父亲遗留的征地补偿款按遗产分割。

法律分析

对于家庭承包的承包人死亡后的征地补偿款能否继承有不同意见。第一种意见认为，《农村土地承包经营权证书》上明确载明了各个家庭成员都有一份承包地，根据物权法定原则，各份土地的承包经营权属于家庭成员个人所有，应属于个人的遗产范畴。土地征用补偿款系承包经营权所产生的收益，应当根据继承法的规定依法予以继承。第二种意见认为，家庭联产承包责任制的承包方是本集体经济组织的农户，即家庭承包是以农户为单位而不是以个人为单位，这就决定了家庭土地承包经营权的继承与一般意义上的继承不同。家庭成员之一死亡，并未导致农户的消亡，农村土地承包合同并未终止，故以家庭为农村土地承包户的承包地并不发生继承，且征地补偿款不属于承包收益，因此征地补偿款不能作为遗产继承。实践中，我们应该坚持第二种意见，原因如下：

1. 农村土地征用补偿费的分配原则。农村征地补偿款的分配不是基于人口，而是基于地。按照"生不增，死不减"的原则，对农户进行补偿。征地补偿款以家庭为单位发放，以家庭承包的土地面积确定补偿款。家庭内部分配问题，由家庭内部自行解决。对已死亡或丧失家庭成员资格的人丧失了农户成员的身份，自然无法获得补偿，对于可能成为还未成为该农户成员的人也不能获得，所以只有农户现有成员才能获得。

2. 土地征用补偿费是否属于收益。《农村土地承包法》第 16 条第 2 项规定："……（二）承包方承包地被依法征用、占用的，有权依法获得相应的补偿。"《土地管理法》第 47 第 2 款规定："征用耕地的补偿费用包括土地补偿费、安置补助费以及地上附着物和青苗的补偿费。"征地补偿费的主要目的是对失地农民预期损失的补偿，是对农民将来生产、生活的保障。已去世的家庭成员，除地上附着物和青苗的补偿费中有其生前的投入外，均不能成为享受补偿的权利主体。

3. 土地承包经营权中以家庭为承包户的性质。《农村土地承包法》第 15 条规定："家庭承包的承包方是本集体经济组织的农户。"家庭承包是以户为单位取得土地承包经营权，承包期内家庭部分成员死亡的，土地承包经营权不发生继承问题。家庭成员全部死亡的，土地承包经营权消灭，由发包方收回承包地。

法津依据

《农村土地承包法》第 15 条："家庭承包的承包方是本集体经济组织的农户。"

第 16 条："承包方享有下列权利：

……

（二）承包地被依法征用、占用的，有权依法获得相应的补偿。"

《土地管理法》第 47 条第 1 款、第 2 款："征收土地的，按照被征收土地的原用途给予补偿。

征收耕地的补偿费用包括土地补偿费、安置补助费以及地上附着物和青苗的补偿费。征收耕地的土地补偿费，为该耕地被征收前三年平均年产值的六至十倍。征收耕地的安置补助费，按照需要安置的农业人口数计算。需要安置的农业人口数，按照被征收的耕地数量除以征地前被征收单位平均每人占有耕地的数量计算。每一个需要安置的农业人口的安置补助费标准，为该耕地被征收前三年平均年产值的四至六倍。但是，每公顷被征收耕地的安置补助费，最高不得超过被征收前三年平均年产值的十五倍。"

4 村小组组长挪用征地补偿款如何定性？

典型事例

2007 年 8 月至 12 月，担任某村村小组组长的被告人王某利用经办发放本组征地补偿款的职务便利，先后从其保管的 11 户村民征地补偿款存折中分 53 次共支取 68 万余元，用于赌博、归还个人贷款，无力归还。案发后，被告人王某投案自首。

法律分析

对于本案有以下两种意见：第一种意见认为，应定挪用公款罪，被告人王某作为村小组组长，协助政府从事土地征用补偿费用的管理工作，属于其他依照法律从事公务的人员，应当以国家工作人员论，且在被征地农民领取存折前，该财产性质仍是属于被告人协助政府管理的征地补偿款，属于国家财产；第二种意见认为，应定挪用资金罪，理由是被告人王某不具有国家工作人员的主体资格，不属于《刑法》第93条第2款规定的"其他依照法律从事公务的人员"的范围，且该款项应该属于村小组集体财产。

司法实践中，针对此类问题，各地法院有的是以挪用公款定罪，有的是以挪用资金定罪，做法各不相同。分歧之处主要是《刑法》第93条第2款规定的"其他依照法律从事公务的人员"中是否包括村小组组长在内。《全国人大常委会关于〈中华人民共和国刑法〉第93条第2款的解释》仅对村民委员会等农村基层组织人员在从事哪些工作时属于"依照法律从事公务的人员"作出解释，而没有对村委会等村基层组织人员的全部范围作出规定。由此可见，村小组组长应该属于"其他依照法律从事公务的人员"的范围。所以，应该对王某以挪用公款罪定罪量刑。

法律依据

《刑法》第272条："公司、企业或者其他单位的工作人员，利用职务上的便利，挪用本单位资金归个人使用或者借贷给他人，数额较大、超过3个月未还的，或者虽未超过3个月，但数额较大、进行营利活动的，或者进行非法活动的，处3年以下有期徒刑或者拘役；挪用本单位资金数额巨大的，或者数额较大不退还的，处3年以上10年以下有期徒刑。

国有公司、企业或者其他国有单位中从事公务的人员和国有公司、企业或者其他国有单位委派到非国有公司、企业以及其他单位从事公务的人员有前款行为的,依照本法第384条的规定定罪处罚。"

5 征地补偿费用分配纠纷如何定性?

典型事例

原告王某,被告于都县贡江镇蔬菜场村上坝村民小组。1998年间原告农转非户口落在于都中学居委会,并一直耕种家庭承包经营的耕地。2002年8月1日原告户口迁回被告村小组,2003年7月、8月,因县城市建设需要,被告村小组的土地被陆续征用,由此被告获得相应的征地补偿费。被告将征地补偿费分配给部分村民,未把原告列入分配名单中。原告多次与被告协商,要求给付13000元征地款,被告于2004年4月29日、30日会议决定,分配给原告征地款5470元,原告仍要求被告支付尚差的7530元,未果,遂诉至法院。

法律分析

法院在审理此案中对征地补偿费用分配纠纷的性质存在较大的分歧,第一种观点认为,根据2001年12月31日最高院研究室对陕西省高级法院做出的《关于村民因土地补偿费、安置补助费问题与村民委员会发生纠纷,人民法院应否受理的答复》(法研〔2001〕116号答复)指出:"农村村民因土地补偿费、补助费、安置费与村民委员会发生纠纷,人民法院的受理问题参照法研〔2001〕51号答复办理。"该答复认为,人民法院应当依法受理农村集体经济所得利益分配纠纷，同时认为村民与村委员会之间的该类纠纷属于平等主体之间的民事纠纷。上述最高人民法院研究室的两个答复，表明最后人民法院研究室认为村民与农村集体经济组织就土地补偿费用和安置补助费发生的纠纷属农村集体经济所得收益分配纠纷，其案件性质属民事案件。第二种观点认为，征地补偿费用分配纠纷属于行政案件。

要界定征地补偿费用分配纠纷是属于民事纠纷还是行政争议，我们需要对民事纠纷和行政争议这两个概念做一个区分。民事纠纷主要解决的是平等主体之间的因财产关系和人身关系而引发的纠纷。而行政争议是指行政机关在实施行政管理活动中发生的法律争端。构成行政争议必须同时具备以下三个条件：①争议的双方，其中有一方是行政机关；②争议是由行政机关实施行政管理行为引起的；③行政争议是以行政机关依其职权，因其作为或不作为与公民、法人或其他组织形成行政法律上的法律行为为前提。没有行政机关行使职权的行为，行政争议便不存在。也就是说要界定某一争议是否属于行政争议需要满足行为的一方是行政主体，争议的发生原因是由公务行为引起的，行为具有公务性。行政争议与民事纠纷区别的核心在于争议主体地位是否平等。司法实践中，应该将此类案件归结为行政案件。

1. 将征地补偿费用分配纠纷定性为平等主体之间的财产争议过于牵强。2005年9月1日起实行的最高人民法院《关于审理涉及农村土地承包纠纷案件适用法律问题的解释》明确规定，承包地征收补偿费用分配纠纷属于人民法院民事受案范围，但规定集体经济组织成员用于分配的土地补偿费用数额提起民事诉讼的人民法院不予受理。同时规定，尚未就土地补偿费用在农村集体经济组织内部分配办法制定地方立法的省、自治区、直辖市，其适格的农村集体经济组织成员方可通过民事诉讼主张其份额。最高人民法院《关于审理涉及农村土地承包纠纷案件适用法律问题的解释》的内容表明,农村集体经济组织成员的资格和土地补偿费用的分配数额应由农村集体组织按民主议定程序确定。征地补偿费包括土地补偿费、安置补助费、地上附着物和青苗补偿费。对土地补偿费用分配的方法,首先应界定土地补偿费、安置补助费及地上附着物和青苗补偿费的性质,地上附着物和青苗的权属较明确,该项争议属于民事争议不难理解。但将安置补助费和土地补偿费的分配争议亦认为是平等主体之间的财产争议过于牵强。

2. 征地补偿费用分配纠纷属于行政纠纷。征地补偿费用分配纠纷是否属于行政纠纷,首先需要对在征地补偿费用分配中村委会的职能做出判断。村委会在履行征地补偿费用分配中职能如何界定?

第一,在征地补偿费用分配纠纷中当事人之间的地位具有不平等性。《村民委员会组织法》规定了村委会有协助基层人民政府从事行政管理工作的公务职能。行政必须是具有面向社会的公共意义上的目的,村集体经济组织内部的事务虽不是法律意义的行政,但根据法律法规规定属于对公共事务进行管理的行政。村委会在协助基层政府从事行政管理工作时,其行使的是管理公共事务的行政管理职能,此类事务并不是基层组织本身的职责与权力,在村委会等基层组织协助政府对有关公共事务进行管理时,与公民、法人和其他组织处于不平等的地位。如《土地管理法》规定村民建房申请宅基地时,村委会等基层组织应承担初步确定宅基地的位置并予以上报审批的职能,《户籍管理条例》规定的户籍的迁出或迁入需经村委会等基层组织开出同意接受或迁出证明,这两条需要村委会等基层组织开具证明或上报审核审批的规定明示给予法规的授权,是协助行政管理的管理社会事务的目的,不同村民与基层组织之间的借贷、买卖等平等主体之间的民事法律关系,它与行政机关是一种协助行政法律关系。村民对基层组织的上述协助公共权力的行为不服时，不能像平等主体一样提起民事诉讼，只能依据行政诉讼法的规定对村基层组织的协助行政行为提起行政诉讼。

第二，对征地补偿费用的分配村委会具有管理权。根据《土地管理法实施条例》第26条授予村委会等基层组织对土地征用补偿费用的管理职权明确规定，需要安置人员的安置补助费由农村集体经济组织管理和使用是法规授予村委会等基层组织土地征用补偿费用管理权的体现。

第三，在征地补偿费用分配中村委会的行为属于履行公务职能，具有公务性。行政机关是指依宪法或行政组织法的规定而设置的行使国家行政职权的国家机关，其核心在于行政机关的职能具有公务性。公务性是指事务关系到不特定多数人的利益，并具有裁量性、判断性、决定性。《全国人大常委会关于〈中华人民共和国刑法〉第93条第2款的解释》明确规定，村委会等村基层组织人员协助人民政府从事土地征用补偿费用管理工作的，属于刑法第93条规定的"其他依照法律从事公务的人员"。土地征用补偿费用的管理包括分配、处理等内容，按照解释的规定，村委会等基层组织人员在从事管理土地征用补偿费用的公务时，若是利用职务上的便利，非法占有土地征用补偿费，或者挪用该项费用，构成的是贪污罪、挪用公款罪而不属于侵占村集体其他非公务财产的职务侵占罪。征地补偿费用的分配涉及到不特定多数人的利益，村委会在分配上起着裁量性、判决性的作用，其符合"公务性"的要求。全国人大常委会以法律解释的形式明确了土地征用补偿费用的管理分配属于公务性质，不同于村基层组织对集体其他收益的管理分配属于民间性质的事务或者说是该单位内部的事务。征地补偿费用是国家给予农村集体经济组织和村民个人的有关补偿费用，其中的安置补助费牵涉到村民失地后的生产生活及今后的出路问题，全国人大常委会以法律解释的形式明确其公务性质，充分体现了国家对征地补偿费用管理的高度重视。征地补偿费用不能像农村集体经济组织的其他收益的处理，由村民委员会或村民会议表决决定，国家行政和司法基本上不对这些收益的管理分配事项进行干预。

所以，征地补偿费用分配纠纷是在村委会履行其公职职能，行使其行政管理活动中发生的法律争端，当事人主体之间的地位具有不平等性。对于征地补偿费用分配纠纷应认定为行政纠纷，适用行政诉讼法的有关规定受理。

法律依据

最高人民法院《关于审理涉及农村土地承包纠纷案件适用法律问题的解释》第1条："下列涉及农村土地承包民事纠纷，人民法院应当依法受理：

（一）承包合同纠纷；

（二）承包经营权侵权纠纷；

（三）承包经营权流转纠纷；

（四）承包地征收补偿费用分配纠纷；

（五）承包经营权继承纠纷。

集体经济组织成员因未实际取得土地承包经营权提起民事诉讼的，人民法院应当告知其向有关行政主管部门申请解决。

集体经济组织成员就用于分配的土地补偿费数额提起民事诉讼的，人民法院不予受理。"

《土地管理法实施条例》第26条："土地补偿费归农村集体经济组织所有；地上附着物及青苗补偿费归地上附着物及青苗的所有者所有。

征收土地的安置补助费必须专款专用，不得挪作他用。需要安置的人员由农村集体经济组织安置的，安置补助费支付给农村集体经济组织，由农村集体经济组织管理和使用；由其他单位安置的，安置补助费支付给安置单位；不需要统一安置的，安置补助费发放给被安置人员个人或者征得被安置人员同意后用于支付被安置人员的保险费用。

市、县和乡（镇）人民政府应当加强对安置补助费使用情况的监督。"

6　返乡大学生能否分到征地补偿款？

典型事例

原告李某于 1978 年 1 月出生于永兴县便江镇某村民小组，其户口也登记在该村民小组。2000 年，李某考入首都师范大学，户口也随之迁往首都师范大学，成为非农业人口，2004 年毕业后随即将户口迁回原籍，但户口性质仍为非农业人口。原告李某毕业后在原籍与其父母一起生活。在乡下生活期间，原告一直积极参与捐修公路、义务帮工"抬棺材"等村中事务。2012 年，因建设市民服务中心项目工程，永兴县征地拆迁事务中心征收了碧塘村古头冲组的部分田、土、山，补偿了该村民小组征地补偿款1667943 元，但在分配土地征收补偿款时，村民小组的村民认为原告李某为非农业人口，不具有农村集体土地承包经营权，通过集体决议，将原告李某排除在补偿款分配名单之外。原告李某多次找所在村民小组协商未果，遂诉至法院。

法律分析

原告李某因出生而取得被告村组集体经济组织成员资格，考入高等院校后，户口迁出，2004 年返乡之后，将户口从学校迁回原籍，与家庭共同经营承包的土地，并履行了村民义务，基本生活保障仍然是由其原集体经济组织提供，农民的身份没有改变，因此，原告李某的集体经济组织成员资格并未丧失，依法享有土地承包经营权，理所应当享受本集体经济组织成员的待遇，有权分得土地补偿款。

法津依据

《农村土地承包法》第 26 条："承包期内，发包方不得收回承包地。

承包期内，承包方全家迁入小城镇落户的，应当按照承包方的意愿，保留其土地承包经营权或者允许其依法进行土地承包经营权流转。

承包期内，承包方全家迁入设区的市，转为非农业户口的，应当将承包的耕地和草地交回发包方。承包方不交回的，发包方可以收回承包的耕地和草地。

承包期内，承包方交回承包地或者发包方依法收回承包地时，承包方对其在承包地上投入而提高土地生产能力的，有权获得相应的补偿。"

7 在村小组挂名上户者能否参加征地补偿款分配？

典型事例

莲花县原下坊乡某村农民金某（女）与该县琴亭镇西门村第四村民小组农民贺某某（男）于 1992 年结婚，并于 1994 年生育一子，金某于 1997 年 8 月将自己的户口迁入琴亭镇西门村第四村民小组。2003 年 6 月，金某与贺某某离婚，离婚后金某的户口一直在该村民小组。2007 年 9 月 30 日，金某将其妹妹在 2001 年生育的女孩贺某的户口上到自己户口簿上，并注明金某与贺某系母女关系，但未办收养手续。2008 年，琴亭镇西门村第四村民小组一些土地被政府征用，并获得征地补偿款。2009 年 3 月 28 日，该组全体村民大会推选了村民代表参与征地补偿款分配等，在征求村民意见的基础上，由村民代表和村民小组干部经过总结研究，提出了征地补偿款的分配方案，并经全体村民大会表决通过、公布后按该方案分配。根据该分配方案，属于该村小组成员的每人分配 18500 元，但挂名上户在该村小组的农业人口一律不得参加分配。贺某因没有分到征地补偿款，遂于 2009 年 8 月向法院起诉，要求琴亭镇西门村第四村民小组依法支付其土地补偿款 18500 元。

法律分析

本案系一起土地补偿费分配纠纷，其争议的焦点和解决问题的关键，就在于要确定贺某是否具有琴亭镇西门村第四村民小组集体经济组织成员资格问题。贺某的户口登记上虽然注明其与金某是母女关系，但金某未依法办理收养贺某的手续，该母女关系不能成立。那么，贺某不属于被金某依法收养，则只有属于"其他将户口迁入本村"（即迁入琴亭镇西门村第四村民小组）情况，根据相关法律规定，贺某将户口迁入琴亭镇西门村第四村民小组，应当经本组村民会议 2/3 以上成员或者 2/3 以上村民代表同意接纳为本集体经济组织成员，才具有该村民小组集体经济组织成员资格，在本案审理中，贺某无证据证实其经过了该村民小组全体村民 2/3 以上成员或者 2/3 以上村民代表同意被接纳为本集体经济组织成员。因此，贺某不具有琴亭镇西门村第四村民小组集体经济组织成员资格，依法不能参加该村民小组的征地补偿款的分配。

在村小组挂名上户者能否参加征地补偿款分配现实中存在分歧。第一种意见认为，贺某的户口已落在被告琴亭镇西门村第四村民小组，并在该组生活，且贺某与金某系母女关系，贺某具有该村民小组集体经济组织成员资格，根据最高人民法院《关于审理涉及农村土地承包纠纷案件适用法律问题的解释》规定，贺某有权参加该征地补偿款的分配。第二种意见认为，贺某的户口在琴亭镇西门村第四村民小组，与金某同一户口簿，该户口簿可证明金某与贺某系母女关系，贺某应属于该村民小组集体经济组织成员，因为每一个公民总要有一个户口、住址，户口在什么地方就应属于什么地方的成员。但是，贺某具有该村民小组集体经济组织成员资格，并不等于其有权参加征地分配，这要视大多数村民意见而定。既然该村民小组大会表决通过的分配方案规定类似贺某情况的成员不能参加征地补偿款分配，则贺某无权参加该征地补偿款的分配。第三种意见认为，贺某虽然在被告琴亭镇西门村第四村民小组上了户，户口簿上也写明金某与贺某系母女关系，但未办理收养关系，贺某在该村民小组只是个空挂户，不属于该村民小组集体经济组织成员，不能参加该村民小组征地补偿款的分配。

对农村集体经济组织成员资格的确认国家目前尚无法律规定。有些省市制定了对本集体经济组织成员资格认定办法，但各地的认定标准不一，其中有的以户籍所在地作为认定成员资格的标准。虽然户籍与成员资格有着最为密切的联系，但关键要看该户籍的来源和是否长期在该农村集体经济组织生产、生活并以农村土地为基本生活保障且能尽到其他村民相同的义务。实践中，获得某农村集体经济组织户籍的来源包括自然取得（属该集体经济组织成员所生的孩子即取得该集体经济组织成员资格），也称出生取得和法定取得，法定取得又包括因合法婚姻、依法收养、根据国家移民政策等而将户口迁入该集体经济组织取得；对于不是因结婚、依法收养及按国家移民政策等迁入的户口，除要尽到与其他村民相同的义务外，还应根据农村村民自治原则，经本集体经济组织成员的村民会议 2/3 以上成员或者 2/3 以上村民代表大会同意接收，才能享有本集体经济组织成员资格；如果没有经过本集体经济组织成员的村民会议 2/3 以上成员或者 2/3 以上村民代表大会同意接收的，即使将户口上到该集体经济组织处，也不能认定为具有该集体经济组织成员资格。否则，就有可能会导致利益驱动下的农村富裕集体经济组织人口的畸形膨胀，加大该组织内人口与土地资源的矛盾。目前，江苏、辽宁等省对不是因结婚、依法收养及按国家移民政策等迁入，而是属于其他将户口依法迁入本村的，规定须经本村村民会议 2/3 以上成员或者 2/3 以上村民代表同意接纳为本集体经济组织成员的，才具有本集体经济组织成员资格。《江西省实施〈中华人民共和国农村土地承包法〉办法》（自 2007 年 10 月 1 日施行）第 9 条规定："符合下列条件之一的人员，为本集体经济组织成员：①父母双方或者一方是本村村民的新出生子女且户口未迁出的；②与本村村民结婚且户口迁入本村的；③由本村村民依法收养的子女，且其户口已迁入本村的；④刑满释放后户口迁回本村的；⑤复员、退伍军人、大中专毕业生将户口迁回本村的；⑥其他将户口依法迁入本村，并经本村村民会议 2/3 以上成员或者 2/3 以上村民代表同意接纳为本集体经济组织成员的。以放弃土地承包权为条件将户口迁入本村的，不享受涉及土地承包方面的权利，也不承担相应的义务。"可见，江西省对其他将户口迁入本村的，也规定了除依法将户口迁入本村外，还应经本村村民会议 2/3 以上成员或者 2/3 以上村民代表同意接纳为本集体经济组织成员，才享有本集体经济组织成员资格。

法津依据

《农村土地承包法》第 5 条规定:"农村集体经济组织成员有权依法承包由本集体经济组织发包的农村土地。任何组织和个人不得剥夺和非法限制农村集体经济组织成员承包土地的权利。"

最高人民法院《关于审理涉及农村土地承包纠纷案件适用法律问题的解释》第 24 条规定:"农村集体经济组织或者村民委员会、村民小组,可以依照法律规定的民主议定程序,决定在本集体经济组织内部分配已经收到的土地补偿费。征地补偿安置方案确定时已经具有本集体经济组织成员资格的人,请求支付相应份额的,应予支持。但已报全国人大常委会、国务院备案的地方性法规、自治条例和单行条例、地方政府规章对土地补偿费在农村集体经济组织内部的分配办法另有规定的除外。"

8 非因个人原因导致户口未迁移的征地补偿款如何分配?

典型事例

小王,女,原籍山东省某村,2007 年与山东省邻村某村村民王某结婚。婚后第二天王某持村委会开具的介绍信到当地派出所办理其妻小王的户口迁移手续,因当时小王所在地区正实行户籍改革,所在辖区户口统称为居民家庭户口,不区分城市和农村,当地派出所以此为由拒绝为小王办理准迁证。后小王遂到老家派出所开具证明,说明当地其户口的真实状态为农业家庭户口,但老家派出所仍拒绝为其办理户口迁移手续。小王遂在其户口未迁移的情况下在王某所在村组实际生产生活。2009 年王某所在村组土地被征收,村委会以小王未在其设定的户口迁移日前迁入户口为由拒绝为其发放土地补偿费 50 000 元。小王为此多次找村委会协商，但都未解决，遂起诉到法院。法院经过审理认为小王户口未能迁入是非其本人原因造成的，应视为具有集体经济组织成员资格，应该予以分配土地补偿款 50 000 元。

法津分析

征地补偿款分配关键是看是否具有集体经济组织成员资格，案例中，小王的户口一直未迁移到征地补偿款发放地的村，好像应该不能分到征地补偿款，但是小王的情况是特殊原因造成的，即非因个人原因导致户口未迁移，所以小王应该被视为具有征地补偿款发放地的村的集体经济组织成员资格，予以分配土地补偿款 50 000 元。

法津依据

最高人民法院《关于审理涉及农村土地承包纠纷案件适用法律问题的解释》第 24 条："农村集体经济组织或者村民委员会、村民小组，可以依照法律规定的民主议定程序，决定在本集体经济组织内部分配已经收到的土地补偿费。征地补偿安置方案确定时已经具有本集体经济组织成员资格的人，请求支付相应份额的，应予支持。但已报全国人大常委会、国务院备案的地方性法规、自治条例和单行条例、地方政府规章对土地补偿费在农村集体经济组织内部的分配办法另有规定的除外。"

9 注销户籍的服刑人员可否分得征地补偿款？

典型事例

老王于 1995 年因诈骗罪被判处无期徒刑及剥夺政治权利，后因表现良好先后减刑 5 次并于 2012 年 9 月份刑满释放，在服刑期间，老王原户籍所在地的户口被注销，服刑期满后派出所根据释放证明于 2012 年 11 月份在原籍重新登记户口并办理了身份证。2011 年 10 月份，该村小组土地被政府征收并且已经分配了征地补偿款，但是仍有一部分钱未分配，作为争议部分存于村小组账户。老王认为征地期间自己虽在服刑，但是仍属于该村小组村民，刑满释放后有权获得土地分配款。

法律分析

对于老王服刑期间，户口被注销，土地被政府征用，老王是否可以获得征地补偿存在三种不同意见。第一种意见认为，老王可以分得征地补偿款，因为老王属于该村的村小组村民，虽然在服刑期间被注销户口，但是也没有在服刑所在地取得相关户籍，并且服刑期满后在原户籍予以上户。况且老王服刑被剥夺的只是人身自由及政治权利，服刑期间并未剥夺其获得合法财产的权利。村小组的土地仍是其服刑期满后获得收入的主要来源。所以，老王在服刑期满后有权主张分得该征地补偿款。第二种意见认为，老王可以适当分得一部分。因为老王毕竟是本村的村民，只是因为服刑而导致户口注销，并不是主观上要求迁出该村小组的，况且在征地款未完全分配完之前老王就已经重新取得了该村户籍，并且该村小组账户上预留的一部分征地款未分配本身就是考虑一些特殊情况的村民而预留。第三种意见认为，老王不能分得征地补偿款，因为不管老王的户口因何种原因迁出，只要在征地补偿款分配期间不属于该村小组的村民，就无权分配征地款。

就村小组成员资格方面讲，村小组土地被政府依法征收，对于政府征地补偿款的分配，最基本的要求就是村民必须具有该集体经济组织成员资格。在 2003 年 8 月 7 日公安部推出的 30 条便民利民措施中，取消了被判处徒刑、被决定劳动教养的人员注销户口的规定，之后对于服刑人员不再进行户籍注销。但是本案中老王是在该规定之前就已经被作出了户籍注销的规定，那么从户籍上来说，老王就不具有该村的集体经济组织成员资格。也就是说，老王失去了取得经济补偿的最基本的前提条件。

就服刑人员的权利方面讲，服刑人员被剥夺的是人身自由的权利或政治权利，但是并未剥夺其获得合法财产的权利。享有与其他村民同等的待遇，不应以其为正在服刑的罪犯为由拒绝分配征地补偿款。但这一规定的前提应当是 2003 年 8 月 7 日公安部 30 条便民利民措施推出之后的规定，即服刑人员服刑的同时并没有注销原本的户籍。而本案中，老王于 1995 年开始服刑，同时户籍被注销，那么就不能适用服刑人员仍可以分得征地补偿款的规定。老王在征地补偿款未完全分配完之前又重新登记户口并办理了身份证，也并不能作为其享有补偿款的依据。

最高人民法院《关于审理涉及农村土地承包纠纷案件适用法律问题的解释》第 24 条规定："征地补偿安置方案确定时已经具有本集体经济组织成员资格的人，请求支付相应份额的，应予支持。"也就是说，认定参与土地补偿费分配的集体经济组织成员时间标准就已经限定，即只有在征地补偿安置方案确定之前具有集体经济组织成员资格的人才能享有分配权利，在这之后成为集体经济组织成员的人就不应参加分配。而征地补偿安置方案是由市县国土资源部门负责制订，并在充分征求有关权利人的意见之后，报政府审批，故征地补偿安置方案确定的时间应以当地市、县人民政府对该征地补偿安置方案下达的批复之日为准。本案中，老王于 2012 年 11 月份在原籍重新登记户口并办理了身份证，而 2011 年 10 月份该村小组土地被政府征收并且已经分配了征地补偿款。那么老王重新取得村小组村民资格肯定在征地补偿安置方案确定之后，故就算老王在征地补偿款未完全分配完之前又重新登记户口并办理了身份证，也并不能作为其享有补偿款的依据。

法律依据

《最高人民法院关于审理涉及农村土地承包纠纷案件适用法律问题的解释》第 24 条："农村集体经济组织或者村民委员会、村民小组，可以依照法律规定的民主议定程序，决定在本集体经济组织内部分配已经收到的土地补偿费。征地补偿安置方案确定时已经具有本集体经济组织成员资格的人，请求支付相应份额的，应予支持。但已报全国人大常委会、国务院备案的地方性法规、自治条例和单行条例、地方政府规章对土地补偿费在农村集体经济组织内部的分配办法另有规定的除外。"

10 承包土地的农民农转非后土地被征用有权获得征地补偿款吗?

典型事例

原告陈清棕因与被告福建省厦门市同安区马巷镇亭洋村村民委员会第一村民小组（以下简称亭洋村一组）、福建省厦门市同安区马巷镇亭洋村村民委员会（以下简称亭洋村村委会）发生征地补偿款分配纠纷，向福建省厦门市同安区人民法院提起诉讼。

原告诉称：原告一家四口是被告亭洋村一组的村民。1996 年 1

月 5 日，原告代表全家承包了亭洋村一组的 1.54 亩土地，该土地承包关系得到厦门市同安区人民政府于 1998 年 12 月 31 日颁发的 NO.066277 号《土地承包经营权证》的确认。2002 年 7 月 23 日，被告亭洋村村委会与厦门如意食品有限公司（以下简称如意食品公司）签订土地征用协议，由如意食品公司在向亭洋村村委会支付土地补偿款、安置款及青苗补偿款后，征用亭洋村的旱地 69.8 亩，其中包括原告承包的 1.16 亩土地。亭洋村一组在向承包土地被征用的各户村民发放土地补偿款时，不给原告一家发放。请求判令亭洋村一组和亭洋村村委会给原告支付土地征用补偿款、安置款共计 17 400 元。

被告亭洋村一组辩称：原告一家四口原来虽是本组村民，并在本组承包过土地，但自 2002 年 1 月 21 日，原告一家已将户口迁出本村并转为非农户。其原承包的土地，已由本组按村规民约形成的惯例，重新调整给其他村民承包。本组土地被征用后，土地补偿款、安置款等，均已如数发放给相关农户。由于自 2002 年 1 月 21 日后，原告已不是本集体经济组织的成员，没有承包经营的土地被征用，故无权请求分配征地补偿款。原告即使仍持有前几年发放的《土地承包经营权证》，也改变不了这一事实，因此其诉讼请求应当被驳回。

被告亭洋村村委会辩称：首先，支持亭洋村一组的答辩意见。其次，依照《村民委员会组织法》第 5 条的规定，本村委会作为村农民集体所有土地的管理者，只是按照亭洋村一组大多数村民的意愿，履行与如意食品公司签订《土地征用协议》的手续而已。土地被征用后获得的土地补偿款，村委会已经全部交给亭洋村一组，由该组村民按照自主决策的方案全部分配。村委会没有截留这笔款项，谈不上与原告发生土地补偿款分配纠纷。原告将本村委会列为被告起诉，是错误的。请依法驳回原告的诉讼请求。

厦门市同安区人民法院经审理查明:1996 年 1 月 5 日,原告陈清棕代表全家四口人,以被告亭洋村一组村民(户别为农业户口)的身份,与亭洋村一组签订农业承包合同,承包了该组村民所有的旱地 1.16 亩、水田 0.38 亩,共计 1.54 亩。1998 年 12 月 31 日,厦门市同安区人民政府给陈清棕发放证号为 NO.066277 的《土地承包经营权证》,确认了陈清棕一家与亭洋村一组之间的农业承包合同关系。2002 年 1 月 21 日,陈清棕一家迁往同安区大同镇碧岳村岳口居住,户别也转为非农业户。陈清棕一家迁出后,亭洋村一组就将陈清棕一家原来承包的土地调整给其他村民。2002 年 7 月 23 日,如意食品公司与被告亭洋村村委会签订《土地征用协议》,征用了包括陈清棕一家原来承包的 1.16 亩土地在内的旱地 69.8 亩,支付了土地补偿款、安置款及青苗补偿款。亭洋村村委会和亭洋村一组按比例将补偿款分发给被征用土地的各户村民,但未分给陈清棕一家,因此引起纠纷。2002 年 7 月 24 日,陈清棕将全家户口从大同镇碧岳村岳口迁回亭洋村,户口类别仍为非农户。2003 年 3 月 11 日,陈清棕提起本案诉讼。厦门市同安区人民法院认为,《中华人民共和国民法通则》第 71 条规定:"财产所有权是指所有人依法对自己的财产享有占有、使用、收益和处分的权利。"第 74 条第 2 款规定:"集体所有的土地依照法律属于村农民集体所有,由村农业生产合作社等农业集体经济组织或者村民委员会经营、管理。已经属于乡(镇)农民集体经济组织所有的,可以属于乡(镇)农民集体所有。"原告陈清棕一家原来虽是被告亭洋村一组的村民,但因其一家已于 2002 年 1 月 21 日迁往大同镇居住,户别也转为非农户,故已丧失了作为农业人员承包土地的权利。亭洋村一组依法收回陈清棕一家承包的土地,是合理的。陈清棕一家承包该地享有的权利及应尽的义务随之消灭。此后,该承包土地于 2002 年 7 月 23 日被征用。陈清棕一家虽于

2002 年 7 月 24 日回迁亭洋村，但仍保留非农户性质。故陈清棕请求亭洋村一组及被告亭洋村村委会给其支付征地补偿安置款，理由不能成立，不予支持。厦门市同安区人民法院于 2003 年 6 月 25 日判决：驳回原告陈清棕的诉讼请求。

一审宣判后，原告陈清棕不服，向福建省厦门市中级人民法院提出上诉。理由是：①《土地承包经营权证》是证实农村土地承包合同关系真实有效存在的唯一法律凭证，上诉人在一审中已经举出这个证据和《农业承包合同书》，充分证实上诉人一家对亭洋村一组的 1.16 亩旱地享有三十年的承包经营权。上诉人迁出亭洋村时，将自己的承包地交给他人耕种，不是由被上诉人亭洋村一组调整给他人耕种。亭洋村一组虽然主张其已经收回上诉人的承包地，但却没有举出任何有效证据。在此情况下，一审置真实有效的法律凭证于不顾，完全采信亭洋村一组的说法，认定亭洋村一组已经收回上诉人的承包地，这是认定事实错误。②根据《农村土地承包法》第 26 条的规定，只有在承包方全家迁入设区的市并转为非农户的情况下，发包方才能收回承包地；相反，承包人如果仅是迁入城镇或者仅是将户口转为非农户，承包地则不能被收回。上诉人一家虽于 2002 年初迁往大同镇生活半年，户口也转为非农户，但由于大同镇未曾建立相应的社会保障机制，上诉人与妻子到那里后，没有固定职业，缺乏稳定的收入来源，因此生活无着，不得已才又于当年 7 月份迁回原址居住，准备继续靠承包地收入维持生活。上诉人一家常年在被上诉人的村民小组劳作生活，与其他村民一样将农业收入作为重要生活来源，理应享有参与分配土地补偿款、安置款的权利。短短半年时间，户籍类别虽然变更为非农户，但上诉人的农民身份却未改变。从今年 7 月 1 日起，厦门市的户籍管理开始取消农户与非农户的区别。现在，那些事实上已经取得过土地补偿款、安置款的村民，也和上诉人一样，都是居民户。这说明，尽管户籍管理上曾经存在过类别的区分，但这不能成为取得土地补偿款、安置款的决定因素。被上诉人亭洋村村委会、亭洋村一组负有维护成员合法财产权利及生活保障权利的责任，理应妥善安置上诉人一家，帮助上诉人一家摆脱生活困境。然而亭洋村村委会、亭洋村一组竟以上诉人已不是本村农户为由，不给上诉人以同等的村民待遇，剥夺上诉人一家的生存基本权利，将上诉人一家推向生活困境，这种做法与法律规定明显不符。一审忽视了上诉人的具体情况，违背相关法律规定的基本精神，简单地以上诉人一家已转为非农户为由，认定亭洋村一组收回上诉人的承包地合理，继而依此驳回上诉人的诉讼请求，是适用法律错误。请求二审撤销一审判决，改判支持上诉人在一审提出的诉讼请求。

被上诉人亭洋村一组答辩称：自从实行生产责任制以来，本组村民的承包地，每年都要根据各户人口增减情况调整一次，后来改为每二年变动一次。这种变动方式，已经延续了二十年，成为本组村民约定俗成的土地调整分配形式。尽管 1998 年底实行了土地承包和给各户发放了《土地承包经营权证》，但本组村民还都一直按原来约定俗成的惯例，进行承包土地的调整分配。这种约定俗成的承包土地分配形式，全体村民（包括迁出户口前的上诉人在内）没有异议，已构成一项村规民约。上诉人正是根据本组村民人口构成比例和此项村规民约，才在当时按惯例取得一家四口相应份额的承包土地。2002 年 1 月 21 日以后，上诉人的户口迁出本村，按照本组的村规民约，其原承包的土地已由全组村民重新调整分配承包。本组所有 69.8 亩土地的使用权按照每亩 1.5 万元标准出让给如意食品公司后，获得的 104.7 万元土地补偿款和 168792.40 元地上物补偿款已经全部支付给承包土地被征用的农户。由于上诉人不是本组村民，此次也没有承包经营的土地被征用，故无权请求分配征地补偿款。一审判决正确，应当维持。被上诉人亭洋村村委会支持亭洋村一组的答辩意见。

厦门市中级人民法院经审理查明：一审判决事实认定部分关于"陈清棕一家迁出后，亭洋村一组就将陈清棕一家原来承包的土地调整给其他村民"的认定，没有相应的证据证实，应不予确认；关于如意食品公司支付土地补偿款、安置款及青苗补偿款的时间，应当是2002年9月1日。除此以外，确认一审认定的其他事实属实。另查明，在土地被征用前，被上诉人曾以《新乡村征地表决书》一份，逐户征求在征地范围内有承包地的村民对征地的意见，上诉人陈清棕在该表决书上签字同意征地。最终判决：撤销一审民事判决；被上诉人亭洋村一组、亭洋村村委会应于本判决生效之日起10日内，支付上诉人陈清棕土地补偿款17 400元。

法律分析

农民到城市落户，是社会发展趋势，然而适合小城镇特点的社会保障制度，还在积极探索和建立中。目前农民进入小城镇后，无论户口类别是否改变，都还不能确保享受到基本生活保障。土地承包法之所以规定："承包方全家迁入小城镇落户的，应当按照承包方的意愿，保留其土地承包经营权或者允许其依法进行土地承包经营权流转"，主要是考虑土地是农民的基本生活保障，在农民进入小城镇后的基本生活保障尚未落实时，如果收回他们的承包地，可能使他们面临生活困难。

《民法通则》第4条规定："民事活动应当遵循自愿、公平、等价有偿、诚实信用的原则。"《土地管理法》第14条第1款规定："农民集体所有的土地由本集体经济组织的成员承包经营，从事种植业、林业、畜牧业、渔业生产。土地承包经营期限为30年。发包方和承包方应当订立承包合同，约定双方的权利和义务。承包经营土地的农民有保护和按照承包合同约定的用途合理利用土地的义务。农民的土地承包经营权受法律保护。"第 2 款规定："在土地承包经营期限内，对个别承包经营者之间承包的土地进行适当调整的，必须经村民会议 2/3 以上成员或者 2/3 以上村民代表的同意，并报乡（镇）人民政府和县级人民政府农业行政主管部门批准。"《农村土地承包法》第 26 条第 1 款规定："承包期内，发包方不得收回承包地。"第 2 款规定："承包期内，承包方全家迁入小城镇落户的，应当按照承包方的意愿，保留其土地承包经营权或者允许其依法进行土地承包经营权流转。"第 3 款规定："承包期内，承包方全家迁入设区的市，转为非农业户口的，应当将承包的耕地和草地交回发包方。承包方不交回的，发包方可以收回承包的耕地和草地。"本案中，2002 年 1 月 21 日以前，上诉人陈清棕及其家人居住在亭洋村，是被上诉人亭洋村村委会和亭洋村一组的村民。《土地承包经营权证》证明，陈清棕一家在亭洋村一组承包了土地，承包期至 2028 年 12 月 31 日。陈清棕签字同意的《新乡村征地表决书》，不仅可以证明陈清棕承包的部分土地在此次征地范围内，还可以证明在该土地被征用前，亭洋村村委会和亭洋村一组承认陈清棕对这部分土地享有承包经营权。在承包期内，陈清棕一家的土地承包经营权，依法应当受到保护。2002 年 1 月 22 日至 7 月 24 日期间，陈清棕一家的户口虽然迁离亭洋村并转为非农户，但其不是迁往设区的市，而是小城镇。在此期间，陈清棕一家在亭洋村承包的土地，应当按照其意愿保留土地承包经营权，或者允许其依法进行土地承包经营权的流转。亭洋村村委会和亭洋村一组没有证据证明陈清棕承包的旱地已经在征用前被调整给其他村民，即使能证明此事属实，这种做法也由于不符合土地管理法第 14 条第 2 款和《农村土地承包法》第 26 条第 1、第 2 款的规定，不能受到法律保护。因此，陈清棕诉请比

照其他村民的标准获得征地补偿款（即每亩1.5万元×1.16亩＝
17 400元），符合法律规定，应当支持。一审判决认定事实不清，
适用法律错误，依法应当改判。

法津依据

《农村土地承包法》第26条："承包期内，发包方不得收回
承包地。

承包期内，承包方全家迁入小城镇落户的，应当按照承包方
的意愿，保留其土地承包经营权或者允许其依法进行土地承包经
营权流转。

承包期内，承包方全家迁入设区的市，转为非农业户口的，
应当将承包的耕地和草地交回发包方。承包方不交回的，发包方
可以收回承包的耕地和草地。

承包期内，承包方交回承包地或者发包方依法收回承包地时，
承包方对其在承包地上投入而提高土地生产能力的，有权获得相
应的补偿。"

《土地管理法》第14条："农民集体所有的土地由本集体经
济组织的成员承包经营，从事种植业、林业、畜牧业、渔业生产。
土地承包经营期限为30年。发包方和承包方应当订立承包合同，
约定双方的权利和义务。承包经营土地的农民有保护和按照承包
合同约定的用途合理利用土地的义务。农民的土地承包经营权受
法律保护。

在土地承包经营期限内，对个别承包经营者之间承包的土地
进行适当调整的，必须经村民会议2/3以上成员或者2/3以上村民
代表的同意，并报乡（镇）人民政府和县级人民政府农业行政主
管部门批准。"

11 "村官"挪用征地补偿款的行为应如何定罪?

典型事例

被告人老王是望山村委会出纳。2009 年 2 月,望山村所有,该村村民刘某、王某承包经营的一块土地被该村所在的县政府征用,作为公共设施建设用地,获得补偿款 31.9 万元(其中土地补偿费 9 万元、安置补助费 20.7 万元、地上附着物及青苗补偿费 2.2 万元)。同年 5 月 4 日,县政府将上述补偿款 31.9 万元划至望山村委会的银行账户。同年 6 月 22 日,被告人老王在没有任何审批手续的情况下,私自提取上述补偿款 31.9 万元用于个人炒股。2009 年 12 月 17 日,因村民要求分配征地补偿款,老王筹措资金 31.7 万元存回村委会账户。

法津分析

对本案被告人挪用征地补偿款的行为如何定性,存在三种不同的意见:第一种意见认为,被告人老王利用协助政府做好征地补偿的职务之便,挪用征地补偿款用于营利活动,构成挪用公款罪;第二种意见认为,征地补偿款已划拨至村委会账户,在发放给被征地的农民之前,属于村委会的财产,被告人老王利用担任出纳的便利挪用此款炒股,构成挪用资金罪;第三种意见认为,征地补偿款包括土地补偿费、安置补助费、地上附着物及青苗补偿费,三种补偿款性质不同,应按被挪用的款项性质分别定罪,数罪并罚。

在本案中,被告人老王挪用的土地补偿费 9 万元,是国家补偿给被征用土地所有者,即望山村委会的。在该 9 万元土地补偿费进入望山村委会账户之前，还属于国家财产，但在进入该村银行账户之后，土地补偿费已补偿给了土地的所有者，这一款项的补偿过程已经完毕，该款已属于望山村委会的集体财产。此时，被告人老王挪用这9万所利用的是其担任村委会出纳的便利，而并非协助政府开展土地征用补偿工作的便利，挪用的财产也是村集体财产，而不是国家财产，依照现行刑法规定，村委会干部挪用村集体财产应定为挪用资金罪；被告人老王挪用的安置补助费20.7万元、地上附着物及青苗补偿费2.2万元，合计22.9万元，是用于补助失地农民生活和农作物损失的，由村委会代为发放给被征用土地的承包户。该款在发放给被征用土地的承包户之前，仍属于国家财产，村委会履行的是代为保管的职责。被告人老王利用协助政府做好征地补偿工作，代为保管安置补助费、地上附着物及青苗补偿费的便利，挪用上述款项用作营利活动，应定为挪用公款罪。

法律依据

《土地管理法》第47条第1、2、3、4、5款："征收土地的，按照被征收土地的原用途给予补偿。

征收耕地的补偿费用包括土地补偿费、安置补助费以及地上附着物和青苗的补偿费。征收耕地的土地补偿费，为该耕地被征收前3年平均年产值的6至10倍。征收耕地的安置补助费，按照需要安置的农业人口数计算。需要安置的农业人口数，按照被征收的耕地数量除以征地前被征收单位平均每人占有耕地的数量计算。每一个需要安置的农业人口的安置补助费标准，为该耕地被征收前3年平均年产值的4至6倍。但是，每公顷被征收耕地的安置补助费，最高不得超过被征收前3年平均年产值的15倍。

征收其他土地的土地补偿费和安置补助费标准，由省、自治区、直辖市参照征收耕地的土地补偿费和安置补助费的标准规定。

被征收土地上的附着物和青苗的补偿标准，由省、自治区、直辖市规定。

征收城市郊区的菜地，用地单位应当按照国家有关规定缴纳新菜地开发建设基金。"

《土地管理法实施条例》第26条第1、2款："土地补偿费归农村集体经济组织所有；地上附着物及青苗补偿费归地上附着物及青苗的所有者所有。

征用土地的安置补助费必须专款专用，不得挪作他用。需要安置的人员由农村集体经济组织安置的，安置补助费支付给农村集体经济组织，由农村集体经济组织管理和使用；由其他单位安置的，安置补助费支付给安置单位；不需要统一安置的，安置补助费发放给被安置人员个人或者征得被安置人员同意后用于支付被安置人员的保险费用。"

12 征地补偿弱势群体如何保护？

典型事例

2001年6月22日，小丽与某县小屯村民赵某结婚，并把户口迁入夫家。2000年小屯进行第二轮土地承包调整，小丽与丈夫赵某均分得土地。2003年8月12日，两人离婚后小丽因生活所迫外出打工。2005年8月，某县人民政府协议征用小屯集体土地。2005年9月，小屯村民小组就补偿款的分配问题，召开村民小组成员会议，会议投票表决通过了土地补偿款的分配方案，以签订征用土地协议时村里在册人口为基数分配。但却排除了小丽的分配资格。小丽获悉后向小屯村民小组提出异议，因协商未果，遂向人民法院起诉，请求：判决确认原告具有被告小屯村民小组成员资格；判令被告小屯村支付其应得的45236元。

一审法院经审理认为，对于村民组织成员资格问题，由于立法上未有相关具体的规定，根据现有法律法院尚无法作出判定。原告小丽与前夫离婚后，虽然户籍仍在被告处也承包有土地，但离婚后至今一直在外打工，未参与被告小屯的集体生产活动，对承包土地已不再进行耕种。作为土地承包方，其与发包方被告小屯已无实际的权利义务关系。同时，被告小屯所作出的分配方案是经村民小组全体成员讨论通过的，属于村民组织自治范畴，符合《村民委员会组织法》的有关规定。遂判决驳回原告小丽的诉讼请求。

一审判决后，小丽不服，提出上诉，称：关于何谓村民组织成员资格问题，虽然目前法律尚没有明确的界定，但可以从以下几个方面据以认定：①是否具有本集体经济组织的户口；②是否享有本集体经济组织的土地承包经营权；③是否以本集体经济组织的土地为生活来源。本案中上诉人小丽具备①、②两点的条件，对于第③点应从实际考虑，上诉人小丽离婚后，前夫家拒不把承包地分出给小丽，因生活困难，被迫离开了被上诉人小屯，对履行土地承包合同关系是客观不能。因此，应认定上诉人小丽具有被上诉人小屯村民组织成员资格。同时，农村村民组织对征用土地补偿款的分配虽然属于村民自治范畴，但不能违反有关法律的规定，上诉人小丽要求分得土地补偿款于法有据。二审法院经审理采纳了上诉人的意见，遂作出撤销一审判决支持上诉人的诉讼请求。

法律分析

目前，随着中国经济的快速发展，城市化进程的推进和加速，全国各地出现了征地热潮。而在征地过程中侵犯妇女利益的行为也屡禁不止，其原因主要是征地补偿款的发放资格问题不明确，依照相关的法律法规，确定征地补偿款人的发放资格应该考虑以下方面。

1. 何谓村民组织成员资格？实践中存在三种主要做法。第一种，是以户口为标准，而这种很可能导致利益驱动下的富裕集体经济组织人口的畸形膨胀。第二种，以是否长期在该集体经济组织生产、生活，以土地收益为主要生活来源为标准。而目前，随着国家城市化进程的加快，出现了大量的进城务工人员，这些人有的长年在外打工，以务工收入为主要生活来源，但他们的户籍仍在农村，无法享受到国家对城镇居民的社会保障，土地仍然是他们唯一的最后保障。单纯以这条作为分配依据有不尽合理之处。第三种，以是否具有权利义务的土地承包关系为标准。根据《农村土地承包法》、《土地管理法》以及相关土地政策，我国实行"土地承包三十年不变，增人不增地、减人不减地"的土地法律制度。但这一制度在一定程度上存在着"死人有地种，活人无田耕"的状态，在征用土地补偿款的分配中往往是死人得到丰厚的补偿金。土地此时完全失去了其对农民应该具有的基本保障功能。

2. 村规民约的效力问题。村民规约在内容上，属于村民委员会的自治范围，法律应当尊重，在程序上是召集全村各户代表投票决定并形成书面的形式，由各代表签字决定，是当事人自治的私法范畴，是当事人行使自治权和民事权形成的契约。对于约定的事项，也是有村民的相互承诺和相互践约来完成的。最高人民法院《关于审理涉及农村土地承包纠纷案件适用法律问题的解释》第24条对村民集体在土地补偿款的分配中的决定权给予了尊重。所以，村规民约的规定是有效的。但《村民组织法》同时对在村民决议中有关程序性、实体性问题给予了明确的规范。强调了一个前提是不能与宪法、法律、法规相抵触。本案二审法院在审查该村民集体分配决议时，认为该决议违反了《农村土地承包法》第30条、《妇女权益保障法》第28条的规定。在法律适用上是正确的。

3. 农村妇女土地承包权益的保护。长期以来，农村妇女土地承包权益受侵害现象客观存在。离婚妇女在离婚后特别再嫁后，其应享有的土地承包权常常被前夫或村集体强行剥夺。离婚妇女，由于风俗习惯，社会偏见以及势单力薄等原因，往往无力依法维护自己的合法权益。农村妇女离婚的代价远远高于城市妇女。为此，党中央、国务院联合发出《关于切实维护农村妇女土地承包权益的通知》，提出了解决问题的政策性意见。

法 律依据

《农村土地承包法》第30条："承包期内，妇女结婚，在新居住地未取得承包地的，发包方不得收回其原承包地；妇女离婚或者丧偶，仍在原居住地生活或者不在原居住地生活但在新居住地未取得承包地的，发包方不得收回其原承包地。"

最高人民法院《关于审理涉及农村土地承包纠纷案件适用法律问题的解释》第24条："农村集体经济组织或者村民委员会、村民小组，可以依照法律规定的民主议定程序，决定在本集体经济组织内部分配已经收到的土地补偿费。征地补偿安置方案确定时已经具有本集体经济组织成员资格的人，请求支付相应份额的，应予支持。但已报全国人大常委会、国务院备案的地方性法规、自治条例和单行条例、地方政府规章对土地补偿费在农村集体经济组织内部的分配办法另有规定的除外。"

《妇女权益保障法》第28条："国家发展社会保险、社会救助、社会福利和医疗卫生事业，保障妇女享有社会保险、社会救助、社会福利和卫生保健等权益。

国家提倡和鼓励为帮助妇女开展的社会公益活动。"

中共中央办公厅、国务院办公厅《关于切实维护农村妇女土地承包权益的通知》第 2 点规定:"农村妇女无论是否婚嫁,都应与相同条件的男性村民享有同等权利,任何组织和个人不得以任何形式剥夺其合法的土地承包权、宅基地使用权、集体经济组织收益分配权和其他有关经济权益。"

13 非家庭承包地被征用时能否获得补偿?

典型事例

陈进成、陈德虎(乙方)与福建省安溪县凤城镇吾都村第十五村民小组(下称村民小组)(甲方)于 1987 年 12 月 1 日签订承包合同,约定由乙方承包集体荒地 9 亩多(其中低产田 1 亩,系以 3 个人口的责任田调换)种植果树;期限 25 年;承包期满后,乙方应将所有的果树移交甲方管理收益。陈进成、陈德虎对荒地进行了开垦改造使之成为果园,并种植柑橘。

2005 年 12 月,安溪县城区工业园吾都片区因建设需要,征用吾都村集体土地。被征地中,涉及村民小组管理的土地共 46.2 亩(包括陈进成、陈德虎承包的果园 9.39 亩)。经村委会和村民小组争取,开发办同意该果园按照水田地的补偿标准补偿。果树补偿费由两原告直接领取,土地补偿费和安置费则拨付安溪县凤城镇吾都村村民委员会(下称村委会),村里提留 15% 后,余款由村民小组分配。村民小组就此召开户主会议(两原告等 20 户户主均在会议记录上签名),一致同意按截至 2006 年 12 月 28 日止的总人口 95 人平均分配,但对涉及本案的征地款 212 543 元,由于双方意见相左，暂时不作分配。

陈进成、陈德虎诉至安溪县法院，诉称，承包果园后，全家搬到了果园居住，并投入了大量的资金和人力物力。经过近 20 年的辛苦努力，最终使荒地变成标准果园。因此，本案的承包应视为家庭承包，土地补偿费及安置费中的增值部分，均应属原告所有。请求判令村民小组和村委会两被告给付果园土地补偿费和安置费合计 191 256 元。

被告村民小组、村委会辩称，该承包地系村集体所有，由村民小组具体管理和经营。原告的承包是商业性承包，非家庭承包，原告无权获得补偿款。何况他们已经领取了果树补偿款，并参与了其他被征地补偿款的分配，且再过 6 年承包期就届满，原告种植的所有果树都应归属集体，原告没有理由独得该款。

安溪县人民法院审理认为：①作为集体土地实际经营管理者的村民小组，可以针对荒地通过公开协商的方式，与承包方在合意的情况下签订承包合同。本案承包权的取得是双方公开协商的结果，不存在集体经济组织成员人人有份的家庭承包情形。所承包的果园除了一亩低产水田外，其余 8 亩均是荒地，和家庭承包的责任田明显不同。因此，本案的承包合同应定为其他方式的承包合同，具有明显的商业性质。②农村土地承包法规定，家庭承包形式的承包方享有在承包地被依法征用时依法获得相应补偿的权利，而其他形式的承包则没有这方面的规定。这就意味着其他方式的承包方，并不当然享有获得相应承包地补偿款的权利。因此，本案承包地的补偿款只能由集体受领。而村委会在对补偿款进行集体提留 15% 后，余款留给村民小组分配，并不违反法律规定，应予准许和支持。对于地上附着物的补偿问题，既然两原告已经领取了果树补偿款，则又将果园视为地上附着物，要求再给付土地补偿费的理由牵强，与事实和法律规定不符，不予支持。③根据查明的事实，可以确认双方签订承包合同前，本案讼争地除 1 亩低产水田外，其余 8 亩土地均系荒地，在被征用时则变成果园。而在此次的征地补偿中，荒地与果园的补偿标准确实存在着较大的地价之差。同时，可以确认，经过近 20 年时间的承包经营，原告确实对该荒地进行了改良投入，付出了艰辛的劳动，使原有的荒地变成果园，客观上导致了被征用土地的价值升值。对此，两被告应予足够的考虑。依照我国法律规定，承包要求发包方对其改良土地的实际投入给予适当补偿的，人民法院应当予以支持。两原告要求对该果园被征地时的增值部分给予补偿的请求，符合法律规定的，应当予以支持。但请求依水田的补偿价值予以补偿，依据不足，不予支持。因本案承包地被征用时并非是真正的水田，之所以按水田补偿，乃两被告共同与开发办协商的结果，这一结果的利益应属全体村民所有。

根据征地中荒地均按林地的征地标准计算的客观情况，并鉴于两原告承包经营的年限及相关投入等事实，原告应得的增值部分补偿额可以是：①果园土地补偿与林地补偿之价值差 ×8 亩，然后与村民小组按 6∶4 分成，即原告得 60%，村民小组得 40%；②安置费相关增值补偿额则按园地安置费补偿额，按同样比例计算。具体为：①果园土地增值补偿 =（果园土地补偿 7 121 元/亩 － 林地补偿 4 069 元/亩）×8 亩 ×60% = 14 649.6 元；②安置费补偿 = 园地安置费 3 561 元/亩 ×8 亩 ×60% = 17 092.8 元；二者合计共为 31 742.4 元。

根据上述理由，安溪县人民法院判决：①被告村民小组和村委会应在判决生效之日起 10 日内给付原告陈进成、陈德虎果园土地增值补偿款 31 742.4 元；②驳回原告陈进成、陈德虎的其他诉讼请求。宣判后，原告和村民小组均不服，向泉州市中级人民法院提起上诉。经泉州市中级人民法院审理，判决驳回上诉人的上诉，维持原判。

法津分析

"家庭承包"的承包方享有在承包地被依法征用时获得相应补偿的权利，"其他形式"的承包则没有。但对"其他形式"承包中，承包方确实对承包地进行了改良投入，导致被征用土地的价值增值的部分，应当予以必要支持。

实践中，应该注意以下的基本问题：

1. 农村土地承包合同性质的正确认识与判定。自从我国开始在全国农村开展农村土地承包经营之后，我国的法律法规一直都未对农村中的具体承包经营方式作出明确的规定。直到2003年3月1日起颁布施行的农村土地承包法才明确农村土地承包的两种具体形式，即"家庭承包"和"其他方式的承包"。根据该法规定，两种不同形式的承包在法律性质、条件、当事人权利义务以及法律后果上，均有明显的不同。而两种承包中，最大的区别还在于：家庭承包的承包方享有在承包地被依法征用、占用时依法获得相应补偿的权利。而其他形式的承包则没有这样的规定。可见，承包地被征用后，家庭承包方拥有法定的补偿权，而其他形式的承包并不具有这样的法定补偿权。本案的事实说明：①村民小组可以针对所经营管理的荒地通过公开协商的方式，与承包方在双方合意的情况下签订承包合同，故本案承包合同应认为是合法有效；②本案的承包合同双方的权利和义务、承包期限、承包费的缴纳等条款内容，都由双方共同协商确定，与家庭承包方式的内容及其统一格式不同。因此，本案的承包合同应认定为其他方式的承包合同，具有明显的商业性质。

2. 土地补偿安置费的性质及其归属主体的确认。根据法律法规规定，家庭承包形式的承包方享有土地补偿的权利，对于其他形式的承包则没有这方面的规定。这就意味着其他方式的承包并不当然享有获得相应承包地补偿款的权利。而根据《土地管理法实施条例》规定,土地补偿费的归属主体只能是集体经济组织。而地上附着物的补偿费的归属主体则应当是果农。因此,两原告在已经全额领取了果树补偿款后,又将果园视为地上附着物,要求两被告再给付果园土地补偿费的理由,系对土地补偿费的错误认识和理解,当然不应予以支持。对于安置补助费是国家征收集体土地后,为了保障以土地为主要生产资料和生活来源的失地农民的基本生活,解决因土地被征用而产生的剩余劳动力的安置问题而发给被征地单位的专属款项,只能补助给失去土地的农村集体经济组织及其成员。很显然,其他方式承包的承包方并不存在因土地被征用而丧失基本生产资料和生活来源的问题,不需要专门的安置。承包方基于土地被征用而发生的损失,可以通过领取地上附着物和青苗补偿费的形式得到弥补,故其他形式承包者无权请求农村集体经济组织支付安置补偿费。本案中,原告承包的方式是其他方式承包,非家庭承包,故该片土地被征收的损失是全体村民平均土地拥有量的减少,如果需要安置,也应当是失地的全体村民,不能只是原告个人。故两原告请求支付安置费缺乏法律依据。

3. 因承包人的经营投入导致土地增值部分,应予足够的考虑。本案中,原告认为其的承包导致承包地的增值,故他们有权获得该部分的土地补偿款。对于这一问题,虽然目前尚没有明确的法律规定,但根据农村土地承包法等相关法律的精神和情理,当然应给予足够的考虑。根据最高法院相关司法解释和本案查明的事实,可以确认的是,双方签订承包合同前,本案讼争地除1亩低产水田外,其余8亩土地均系荒地,而在此次被征用时则变成果园。同时,此次的征地补偿中,荒地与果园的补偿标准存在着较大的地价之差。由此可以明确这样的事实，即经过近 20 年时间的承包和经营，原告确实对该荒地进行了相应的改良投入，确实付出了艰辛的劳动。因此，原告要求对该果园被征地时的增值部分给予补偿的请求，符合法律规定的，法院应当予以支持。

法律依据

《土地管理法实施条例》第 26 条："土地补偿费归农村集体经济组织所有；地上附着物及青苗补偿费归地上附着物及青苗的所有者所有。

征用土地的安置补助费必须专款专用，不得挪作他用。需要安置的人员由农村集体经济组织安置的，安置补助费支付给农村集体经济组织，由农村集体经济组织管理和使用；由其他单位安置的，安置补助费支付给安置单位；不需要统一安置的，安置补助费发放给被安置人员个人或者征得被安置人员同意后用于支付被安置人员的保险费用。

市、县和乡（镇）人民政府应当加强对安置补助费使用情况的监督"。

《农村土地承包法》第 43 条："承包方对其在承包地上投入而提高土地生产能力的，土地承包经营权依法流转时有权获得相应的补偿。"

第 45 条："以其他方式承包农村土地的，应当签订承包合同。当事人的权利和义务、承包期限等，由双方协商确定。以招标、拍卖方式承包的，承包费通过公开竞标、竞价确定；以公开协商等方式承包的，承包费由双方议定。"

14 土地承包"30年不变"是怎么回事?

典型事例

村民王民,全家有五口人,1998 年第二轮土地承包的时候,王民一家承包了土地 25 亩。2005 年王民的父亲去世了,2008 年王的母亲去世了,家中只剩下三口人。2009 年一天,村委会要求收回其中的 10 亩地,理由是王民现在是三口人,理应收回一部分,但是王民拿出当时的承包合同,上面写着是"30 年不变",于是王民将村委会告上法院。最终法院判决:村委会返还王民家的 10 亩耕地,由其继续承包。对于收回耕地给王民带来的损失,由村委会承担相应的责任。

法津分析

"30 年不变",简单地说,就是我国的第二轮耕地承包的承包期为 30 年,在这 30 年中,不会因为人为的因素随便改变农户对土地的承包关系。这是党和政府的富农政策,这样就稳定了土地承包关系,保证了农民在较长的时间有稳定的土地耕种,让农民放心、安心的进行农业生产,提高产量,保障农民的收入。目前,我国的绝大多数的农村地区都已经完成了第二轮土地承包。

但是,考虑到土地的投资收益周期差别比较大,比如,树木从种到收可能需要几年甚至几十年。所以,我国法律对不同性质的土地也规定了不同的承包期。比如,耕地的承包期是 30 年,草地的承包期是 30 ~ 50 年,林地的承包期是 30 ~ 70 年,特殊林木的承包期,经过国务院林业行政部门批准还可以延长。第二轮土地承包到期后,按照国家的有关规定,农户可以继续承包。

以上的期限是法定期限,任何人都不得随意更改。

我国实行的农村第二轮土地承包政策是"30 年不变",在这 30 年内,承包户有新生人口的不会增加承包地,并且承包户有人去世也不会减少承包地。在以上事例中,村委会的做法显然是不合法的。

法律依据

《农村土地承包法》第 20 条:"耕地的承包期为 30 年。草地的承包期为 30 年至 50 年。林地的承包期为 30 年至 70 年;特殊林木的林地承包期,经国务院林业行政主管部门批准可以延长。"

《物权法》第 126 条:"耕地的承包期为 30 年。草地的承包期为 30 年至 50 年。林地的承包期为 30 年至 70 年;特殊林木的林地承包期,经国务院林业行政主管部门批准可以延长。

前款规定的承包期届满,由土地承包经营权人按照国家有关规定继续承包。"

15 林地怎么承包?

典型事例

2003 年,某村要进行村里林地的承包工作。村委会召集村民会议,选取承包小组。最后,村委会主任宣布举手表决村里的分配方案,结果只有 1/3 的村民举手。村委会主任在这种情况下还是按照这个方案进行了分配。有对方案不满意的村民告到乡里,乡政府知道这个情况后,立即派人阻止了村委会分配承包地,并且要求重新召开村民会议,进行方案的投票。大家最终举手表决通过了这个方案,按照新的方案开始重新分配土地。

法津分析

采用家庭承包方式来承包的林地和耕地的承包原则和程序是相同的。首先,要组成一个承包工作小组,这个小组一般都是村里选举产生的,然后,由这个小组来初步拟定一个承包的方案。这个方案要经过村民会议的讨论,大家进行协商,不合理的地方可以讨论修改,最终要参加村民会议的人的2/3以上同意,才能通过这个承包方案。通过了承包方案后,就公开组织实施这个承包方案,把林地分配给每一户农民。从案例里我们可以看到,某村选举了承包工作小组。也召开了村民会议,但是,村民会议上只有1/3的人同意这个方案,不符合法律的规定,这就意味着村民大会并没有通过这个承包方案,村委会接下来实施承包方案是不合法的,所以,后来乡政府又要求村里重新召开了村民会议,在村民会议表决通过后,才实施承包。

法津依据

《农村土地承包法》第18条:"土地承包应当遵循以下原则:

(一)按照规定统一组织承包时,本集体经济组织成员依法平等地行使承包土地的权利,也可以自愿放弃承包土地的权利;

(二)民主协商,公平合理;

(三)承包方案应当按照本法第12条的规定,依法经本集体经济组织成员的村民会议2/3以上成员或者2/3以上村民代表的同意;

(四)承包程序合法。"

第19条:"土地承包应当按照以下程序进行:

(一)本集体经济组织成员的村民会议选举产生承包工作小组;

(二)承包工作小组依照法律、法规的规定拟订并公布承包方案；

（三）依法召开本集体经济组织成员的村民会议，讨论通过承包方案；

（四）公开组织实施承包方案；

（五）签订承包合同。"

16 承包的林地能否抵押，怎么来进行抵押？

典型事例

老王承包了村里的 20 亩白桦林，承包期是 50 年，后来老王想扩大规模，再承包一块地。于是就想用白桦林的承包经营权进行抵押，但是，农村信用社的人说："林地的承包经营权不能抵押，可以用林地里的白桦林进行抵押，于是老王同意用白桦林进行抵押，最后在信用社的指导下，老王去林业局进行了登记。老王与信用社签订了抵押合同，并且将林权证拿到林业局进行了抵押登记，信用社最后为老王办理了贷款。

法律分析

我国法律规定，家庭承包的土地承包经营权是不能进行抵押的，耕地、林地、草地都一样，只要是家庭承包方式承包的都不能进行抵押。但是，"四荒"地上种植树木的，连同土地承包经营权可以一起抵押。这就是家庭承包和以招标、拍卖、公开协商等方式承包的四荒地不同的地方。

虽然家庭承包的林地经营权不能抵押，但是，承包地里的林木是可以抵押的。这在我国法律上有明确的规定。抵押的必须要先签订抵押合同，然后办理抵押的登记，才能让这个抵押权真正生效。担保法规定，以林木作抵押的，应该到县级以上林业主管部门进行抵押登记。这样，抵押的手续才算完成。只签订抵押合同，不到林业主管部门进行登记的，这个抵押就不生效。老王最后在农村信用社的指导下，签订了抵押合同，并到林业主管部门进行登记，最终才能从信用社贷到款。

法律依据

《担保法》第 34 条第 1 项："下列财产可以抵押：

（一）抵押人所有的房屋和其他地上定着物；

……"

第 41 条："当事人以本法第 42 条规定的财产抵押的，应当办理抵押物登记，抵押合同自登记之日起生效。"

第 42 条第 3 项："办理抵押物登记的部门如下：

……

（三）以林木抵押的，为县级以上林木主管部门；

……"

17 林木已经抵押的承包林地，还能转让吗?

典型事例

老王承包了 20 亩林地，林木长势旺盛。但是，后来，老王想搞运输，于是用林木向农业银行抵押贷款 10 万元。在跑运输的时候，发现运输很赚钱。于是经过村委会同意把林地和林木转让给村民老李，但是正在这时候，农业银行的人说："你的林地已经进行抵押，不能再进行转让，现在的解决办法就是：要不你重新进行担保，要不现在就还钱。"老王于是将钱还给了银行。

法律分析

上面的故事就是老王将自己承包的林木做了抵押之后，又将林地和林木一起转让给村民老李，这个转让的效力问题。第一，正常的转让承包地，按照我国的法律规定要经过村委会等发包人同意，所以，要想合法的转让承包的林地应该首先取得村委会的同意，老王经过村委会的同意之后将林地进行转让是合法的。第二，抵押的林木再去转让林地和林木，就需要通知抵押的银行。如果转让了没有通知银行，依照我国法律规定，这个转让也是可以有效的，但是，必须用转让的钱来清偿贷款。故事中老王没有通知银行就将林地和林木进行转让，但是后来他将银行的欠款还上了，所以，这个转让是有效的。银行需要抵押的目的就是为了到时候能将贷款及时地收回来，所以，只要及时地将银行的钱还上，银行就不会再追究。

法律依据

《农村土地承包法》第 37 条第 1 款："土地承包经营权采取转包、出租、互换、转让或者其他方式流转，当事人双方应当签订书面合同。采取转让方式流转的，应当经发包方同意；采取转包、出租、互换或者其他方式流转的，应当报发包方备案。"

《担保法》第 49 条："抵押期间，抵押人转让已办理登记的抵押物的，应当通知抵押权人并告知受让人转让物已经抵押的情况；抵押人未通知抵押权人或者未告知受让人的，转让行为无效。

转让抵押物的价款明显低于其价值的，抵押权人可以要求抵押人提供相应的担保；抵押人不提供的，不得转让抵押物。

抵押人转让抵押物所得的价款，应当向抵押权人提前清偿所担保的债权或者向与抵押权人约定的第三人提存。超过债权数额的部分，归抵押人所有，不足部分由债务人清偿。"

18 农民对承包的林木有所有权吗？

典型事例

老王在自家的房前种植了三十棵杨树，在杨树长大之后，老王准备将自己家的杨树砍伐之后卖掉，但是村主任说，老王家的杨树是属于村集体的，不能随便砍伐，要有采伐证才行。老王找到县里的林业局的人员，县里林业局当场做了解释，说老王的采伐是合法的。

法律分析

林木和其他的农业生产物不一样，林地和树木对国家和整个生态环境有着不通寻常的意义。所以，国家对林木有一些特殊的政策，农民朋友需要了解。农民对承包的林木有所有权，我国法律规定了"谁经营，谁受益"的原则，也就是说，林木的所有权人一般就是林木的实际经营者。那么，农民承包了林地，这些林木都是由农民来照顾管理，所以这些林木理应归农民所有。具体地说就是农村居民房前屋后、自留地、自留山种植的林木，归个人所有。城镇居民和职工在自有房屋的庭院内种植的树木，归个人所有。有一个特殊情况就是，个人承包国家所有和集体所有的宜林荒山荒地造林的，承包后种植的林木归承包的个人所有，但是如果承包合同另有规定的，按照承包合同的规定执行。因此，老王的杨树应该属于自己的财产。但是需要注意的是，林木是不能随意进行采伐的，一般都需要办理采伐证，但是，农村居民采伐自家房前屋后个人所有的零星林木的除外。所以，农民朋友在采伐树木的时候，一定要按照规定的手续来进行，否则有可能触犯法律。

法津依据

《森林法》第 27 条："国有企业事业单位、机关、团体、部队营造的林木，由营造单位经营并按照国家规定支配林木收益。

集体所有制单位营造的林木，归该单位所有。

农村居民在房前屋后、自留地、自留山种植的林木，归个人所有。城镇居民和职工在自有房屋的庭院内种植的林木，归个人所有。

集体或者个人承包国家所有和集体所有的宜林荒山荒地造林的，承包后种植的林木归承包的集体或者个人所有；承包合同另有规定的，按照承包合同的规定执行。"

第 32 条："采伐林木必须申请采伐许可证，按许可证的规定进行采伐；农村居民采伐自留地和房前屋后个人所有的零星林木除外。

国有林业企业事业单位、机关、团体、部队、学校和其他国有企业事业单位采伐林木，由所在地县级以上林业主管部门依照有关规定审核发放采伐许可证。

铁路、公路的护路林和城镇林木的更新采伐，由有关主管部门依照有关规定审核发放采伐许可证。

农村集体经济组织采伐林木，由县级林业主管部门依照有关规定审核发放采伐许可证。

农村居民采伐自留山和个人承包集体的林木，由县级林业主管部门或者其委托的乡、镇人民政府依照有关规定审核发放采伐许可证。

采伐以生产竹材为主要目的的竹林，适用以上各款规定。"

19 怎样办理采伐许可证?

典型事例

老王承包了村里的 20 亩林地, 2008 年采伐了一批, 2009 年准备再次采伐一批, 于是到县里林业局办理采伐手续, 但是在林业局工作人得知他去年采伐后并没有进行及时的更新栽种后拒绝给他办理采伐手续。并且老王被告知, 只有补齐相应的树苗后才可以拿到新的采伐许可证。

法律分析

采伐林木必须要取得采伐许可证, 这是我国法律的规定。但是去什么机关去办理林木采伐证是许多农民需要知道的。农民采伐自己承包地里的树木一般就是去县里的林业主管部门, 有的时候, 县里的林业主管部门也会委托乡镇政府来办理采伐许可证的审核。

依照我国法律规定, 国有林业企业和集体所有的林地需要提交的材料和农民自己办理的采伐许可证提交的材料是不同的。一般地, 农民要采伐自己承包地里的林木, 需要提交证明采伐林木的地点、面积、树种、株数、蓄积量、更新时间等内容的材料, 一般就是带好林权证。但是并不是提交了材料就一定能够办理成功。法律规定, 以下三种情况下是不能办到采伐许可证的: ①防护林和特种用途林进行非抚育或者非更新性质的采伐的, 或者采伐封山育林期、封山育林区内的林木的; ②上年度采伐后未完成更新造林任务的; ③上年度发生重大滥伐案件、森林火灾或者大面积严重森林病虫害, 未采取预防和改进措施的。在案例里, 老王提交的材料应该是比较齐全了。但是，就是因为去年没有补齐相应的树苗，所以不能办理采伐许可证。国家这样做的目的就是为了保护国家森林资源。

法律依据

《森林法实施条例》第30条："申请林木采伐许可证，除应当提交申请采伐林木的所有权证书或者使用权证书外，还应当按照下列规定提交其他有关证明文件：

（一）国有林业企业事业单位还应当提交采伐区调查设计文件和上年度采伐更新验收证明；

（二）其他单位还应当提交包括采伐林木的目的、地点、林种、林况、面积、蓄积量、方式和更新措施等内容的文件；

（三）个人还应当提交包括采伐林木的地点、面积、树种、株数、蓄积量、更新时间等内容的文件。

因扑救森林火灾、防洪抢险等紧急情况需要采伐林木的，组织抢险的单位或者部门应当自紧急情况结束之日起30日内，将采伐林木的情况报告当地县级以上人民政府林业主管部门。"

第31条："有下列情形之一的，不得核发林木采伐许可证：

（一）防护林和特种用途林进行非抚育或者非更新性质的采伐的，或者采伐封山育林期、封山育林区内的林木的；

（二）上年度采伐后未完成更新造林任务的；

（三）上年度发生重大滥伐案件、森林火灾或者大面积严重森林病虫害，未采取预防和改进措施的。

林木采伐许可证的式样由国务院林业主管部门规定，由省、自治区、直辖市人民政府林业主管部门印制。"

20 农民承包林地，怎样取得林权证？

典型事例

老王想要承包村里的林地，但是不知道要提交哪些材料。在村委会主任的指导下，他来到县里的林业局主管部门，林业局的相关工作人员叫他填写了一个林权登记申请表，并且告诉他回去等通知，大约2个月了还没收到回复的老王着急地跑去县里的林业局询问。工作人员告诉他说，林权登记的公示期刚刚结束，很快就会有专门的工作人员来丈量土地，又过了2天左右，林业局人员来丈量承包地。最后，老王顺利地办理了林权证。

法律分析

林权证也就是老百姓平常所说的"林权本"。依照我国法律规定，我国的林地不论是国有的还是集体的必须登记造册，所以，承包林地就得去林业主管部门进行登记，领取林权证。领取林权证需要以下流程。

第一，登记申请。如果承包了林地，去办理林权证，首先就是去办理林权登记申请。去哪里申请呢？就是当地的林业主管部门，一般的就是县里的林业局。申请时需要提交的材料是：林权登记申请表；个人身份证明、法人或者其他组织的资格证明；法定代表人或者负责人的身份证明；法定代理人或者委托代理人的身份证明和载明委托事项和委托权限的授权委托书；申请登记的森林、林木和林地权属证明文件。

第二，一般处理以上的文件的审核需要大约3个月的时间，这是法律规定的时间，所以，农民朋友们在这一段时间内不要着急。林业局会做如下的事情：首先是公示，这个公示的主要目的就是看看你申请登记的这块地和别人有没有利害关系，比如，你申请登记的地是别人承包的，那么肯定不能发给你林权证；公示结束后就是实际的丈量土地，这时候，林业局的工作人员组织专业的调查队伍，去你承包的林地进行专业的现场勘查，主要是核查林地的面积、四至、树种、树木株数等情况，因为这些都会在林权证上填写；以上这些都办好以后，林业主管部门还要报同级的政府进行审查核准，一般就是县林业局先报给县政府。等待审查核准之后，就是盖章发证了。需要注意的是，林权证上盖的章只有是县级以上地方政府或者国务院林业主管部门的章才是有效的，其他的章一律是无效的。

法律依据

《林木和林地权属登记管理办法》第 5 条："林权权利人应当根据森林法及其实施条例的规定提出登记申请，并提交以下文件：

（一）林权登记申请表；

（二）个人身份证明、法人或者其他组织的资格证明、法定代表人或者负责人的身份证明、法定代理人或者委托代理人的身份证明和载明委托事项和委托权限的委托书；

（三）申请登记的森林、林木和林地权属证明文件；

（四）省、自治区、直辖市人民政府林业主管部门规定要求提交的其他有关文件。"

第 11 条："对经审查符合下列全部条件的登记申请，登记机关应当自受理申请之日起 3 个月内予以登记：

（一）申请登记的森林、林木和林地位置、四至界限、林种、面积或者株数等数据准确；

（二）林权证明材料合法有效；

（三）无权属争议；

（四）附图中标明的界桩、明显地物标志与实地相符合。"

第12条："对经审查不符合本办法第11条规定的登记条件的登记申请，登记机关应当不予登记。

在公告期内，有关利害关系人如对登记申请提出异议，登记机关应当对其所提出的异议进行调查核实。有关利害关系人提出的异议主张确实合法有效的，登记机关对登记申请应当不予登记。"

21 采伐自己承包的林地需要办理采伐许可证吗？

典型事例

老王承包了村里的30亩地用来种植杨树，2009年准备将自家的杨树采伐之后进行出卖时，村主任赶来阻拦并且告诉老王说，不能随便砍伐，要到县里办理采伐许可证才可以砍伐。老王认为是自己承包地里的杨树自己拥有所有权应该可以自己支配，不用办理采伐许可证，于是双方来到镇上，镇上的工作人员向老王进行了解释。老王最后明白了真是需要办理采伐许可证才能采伐，否则就是违法。于是老王到县里办理了采伐许可证后将杨树砍伐卖掉。

法律分析

依照我国法律规定，采伐林木的必须去办理相关的采伐许可证，农村居民采伐自留地和房前屋后的零星树木的除外。所以，农民兄弟要注意，持证采伐，伐树先办证。用来生产竹材的竹子和树木都是一样的，也要办证。所以，村主任拦住老王的做法是正确的。

　　同时，我国法律规定，农民采伐自留地和个人承包集体的林木，由县级林业主管部门来办理，一般就是县里的林业局。但是，在一些地区，县里的林业主管部门也会委托乡镇人民政府来办理采伐许可证的，但是，农户所在的乡有相应的委托是在乡里办理采伐许可证的前提。

法律依据

　　《中华人民共和国森林法》第 32 条："采伐林木必须申请采伐许可证，按许可证的规定进行采伐；农村居民采伐自留地和房前屋后个人所有的零星林木除外。

　　国有林业企业事业单位、机关、团体、部队、学校和其他国有企业事业单位采伐林木，由所在地县级以上林业主管部门依照有关规定审核发放采伐许可证。

　　铁路、公路的护路林和城镇林木的更新采伐，由有关主管部门依照有关规定审核发放采伐许可证。

　　农村集体经济组织采伐林木，由县级林业主管部门依照有关规定审核发放采伐许可证。

　　农村居民采伐自留山和个人承包集体的林木，由县级林业主管部门或者其委托的乡、镇人民政府依照有关规定审核发放采伐许可证。

　　采伐以生产竹材为主要目的的竹林，适用以上各款规定。"

22 什么是家庭承包？

典型事例

　　1998 年，老王所在的村进行了第二轮的土地承包。在全体村民参加的村民会议上，大家就承包的相关事宜进行了友好的协商，最终大家都明白了承包的政策，但是只有老王感到自己在吃亏，因为自己是单身，家里只有自己一个人，但是承包的原则是人人有份，即村里的每个人都有一份承包地，最终由户主代表全家进行承保合同的签订等事宜的处理。村委会主任解释说，这次的承包分配是以户为单位，但是人人有份，所以最后人口多的户必然会分到更多的土地。

法津分析

依照我国现行的以家庭为单位的土地承包政策，有权承包本集体土地的只能是本集体的农户，由农户代表，一般就是户主来进行相关的签订土地承包合同的事宜。土地承包经营权证书也是按照户来制定来颁发的。土地承包不针对个人，所以，不是每个人都需要与村委会签订一份土地承包合同。但是我国法律规定，农村集体经济组织成员每个人都有承包土地的权利，家庭承包中是按照人人有份的原则分配承包地的，一户是一个承包单位。这个规定的目的是为了照顾农村中老人、孩子和没有劳动能力的人，按照户来承包土地可以由户主代表这些人来签订土地承包合同。这就是我国以家庭为单位的土地承包政策。除了耕地、草地、林地外，对于那些不适合家庭承包的土地，我国法律规定也可以采取对外招标、拍卖、公开协商的方式承包给农户或者其他的单位和个人。老王只有一个人，但是仍然是一户，所以，他可以与村委会签订一份土地承包合同，但是。由于只有他一个人，所以，就只能分到一份承包地。

法津依据

《土地承包法》第3条："国家实行农村土地承包经营制度。

农村土地承包采取农村集体经济组织内部的家庭承包方式，不宜采取家庭承包方式的荒山、荒沟、荒丘、荒滩等农村土地，可以采取招标、拍卖、公开协商等方式承包。"

第 15 条："家庭承包的承包方是本集体经济组织的农户。"

附：土地承包协议书示例

土地承包协议书

发包方：_____省_____市_____农场（以下简称甲方）

承包方：_____省_____市_____林业发展有限公司（以下简称乙方）

鉴于：

一、甲方系依法成立的法人型企业，具有独立的民事权利能力和民事行为能力，依法存在和存续，企业注册地为_____，法定代表人为_____；

二、乙方系依法成立的法人型企业，具有独立的民事权利能力和民事行为能力，依法存在和存续，企业注册地为_____，法定代表人为_____；

三、甲方拟将其所有的部分土地使用权承包给乙方经营。乙方愿承包经营上述土地经营开发；

四、双方承诺具有签署和履行本协议的行为能力，承诺业已将本协议的签署和履行告知各自上级管理部门或权力机构，本协议签署后，各方应及时办理其内部的审批、登记、备案等手续。各方有理由相信他方具有签署和履行本协议的行为能力，各方不得以己方内部管理规定为由对抗本协议的法律约束力。

双方经过充分协商，本着诚实信用、互利互惠原则，达成以下协议，以资共同遵守。

第一章　土地

第一条　甲方发包的土地位于_____，地块编号为_____（见附件_____，地块地理位置图或地籍图）。

第二条　土地面积为十万亩，其中不含荒坡、沟、路、渠、沿江沿堤内外平台、内滩外滩等纯净粮田面积不少于五万亩。土地具体坐落以双方认可的坐标图纸界定，并于实地以界桩、界标标明。

第三条　甲方承诺拥有该土地排他的使用权，拥有国有土地使用权证书，编号_____，甲方使用期限为_____。如他方主张该土地的使用权或对甲方排他土地使用权提出异议影响本协议履行的，甲方应及时排除障碍，由此造成乙方损失的，甲方应承担违约责任。

第四条　甲方承诺本协议签署前未将本协议所指的土地发包给他方经营，未于发包土地上设立抵押、质押或其他担保物权及其他物权障碍。甲方承诺本协议签署后不将发包土地承包给他方经营，不对发包土地设置抵押、质押或其他担保物权及其他物权障碍。如甲方因上述行为造成乙方损失的，甲方应承担违约责任。

第五条　土地所有权属中华人民共和国。地下资源、埋藏物和公用设施均不在土地使用权范围内。

第二章　土地用途

第六条　乙方于承包土地上建设速生丰产林基地、名特优种苗基地、牧草基地、种鹅基地、医药原料基地等。

第七条　乙方根据以上项目建设的规模和时间，在国家政策允许的条件下，筹建木材加工企业、食品加工企业和生物提取加工等相关企业。

第八条　乙方改变土地用途时应征得甲方同意，并按照国家法律法规办理相关手续。

第九条 乙方有权将承包的土地转包、转租给他方使用，但应及时通知甲方。乙方转租转包行为不免除甲乙双方依本协议应享有和承担的权利义务。

第三章 交付

第十条 甲方分期分批交付乙方土地，具体方式见本协议附件。

第十一条 甲方未按协议附件确定的时间交付土地的，应承担违约责任。

第十二条 甲方交付具体土地时，双方应签署标明具体土地方位、坐落、四至、面积的书面坐标文件，并应于具体土地上实地竖立界桩界标予以明确。

第十三条 交付起算期以双方签署交付文件的日期为准。承包期以此计算三十年，林地或作林业用途的，承包期为五十年。

第十四条 任何一方对具体土地的坐落、四至、面积等提出异议的，双方应积极配合，以实地丈量勘测为准。

第十五条 甲方应协助办理当地政府向承包方颁发土地承包经营权证或者林权证等证书，登记造册，确认土地承包经营权。颁发土地承包经营权证或者林权证等证书，除按规定收取证书工本费外，甲方不得收取其他费用。

第四章 承包费及支付方式

第十六条 乙方支付甲方承包费标准为，成片良田80—100元/亩年，荒坡、荒沟、路、渠等承包费另行议定。具体土地承包费标准于双方签署土地交付文件时确定。

第十七条 如国家政策低于双方议定的标准时，以国家政策为准；如国家政策高于双方议定时，以双方议定为准。

第十八条 承包期内，土地承包费标准不变。如物价指数、通货膨胀率发生重大变化时，双方本着诚实信用原则协商议定，双方未达成协议时，以本协议及有关附件为准。

第十九条 承包费于具体土地建设期满后开始计算其起始期，土地建设期根据具体土地不同为五至八年，具体细节以双方签署具体土地交付文件中确定。

第二十条 承包费的支付方式为一年内分二次支付，首期不迟于每年六月三十日，第二期不迟于每年十二月三十一日。

第二十一条 乙方逾期支付承包费的，应承担违约责任。

第五章 承包权

第二十二条 甲方尊重乙方以种植、养殖、畜牧、加工以及本协议约定的农业目的而使用本协议所指土地的权利，甲方不得干预乙方依本协议享有的占有、使用、收益的权利。

第二十三条 本协议所指承包权范围不仅包括所涉土地，还包括坐标图内水面以及土地、水面上一定的空间。

第二十四条 本协议所涉的承包权，双方应到有关机关办理登记手续，确认乙方的承包权。如办理登记手续有困难的，双方应将本协议办理公证手续。有关手续费用由双方平均分担。

第二十五条 乙方可以将承包的土地部分转包转租给他方使用，他方使用土地时应保持土地的农业用途及符合本协议的规定。

第二十六条 乙方可以土地承包权作为出资，与他方进行多种形式的合作开发。

第二十七条 乙方可以土地承包权设定抵押、质押，但应及时通知甲方。实现抵押、质押权时，买受人仅得进行农业目的的使用，并不得与本协议的原则发生冲突。

第二十八条 承包期届满，在同等条件下乙方享有优先承包权。只有在乙方明确拒绝继续承包时，甲方才可以将本协议所指土地另行发包给他人。

第六章　成果权

第二十九条　为实现农业生产经营目的，乙方在承包土地上建设的附属设施所有权由乙方所有，乙方拥有排他的占有、使用、收益、处分的权利。

第三十条　乙方在承包土地经营中所产生的成果由乙方所有，包括但不限于林木、农作物、渔产品、畜牧产品、禽类产品、牧草、药材以及其他农产品和加工产品，无论是成熟未成熟、无论是成品未成品，乙方拥有排他的占有、使用、收益、处分的权利。

第三十一条　甲方应积极配合一方办理林木、林地的登记造册手续，积极配合一方向有关政府部门申请登记，获取有关权属证书。确认乙方的林木所有权。

第三十二条　甲方应积极配合乙方收获承包成果，配合乙方向政府相关部门办理有关林木采伐、运输、加工、销售等手续。

第三十三条　除林木外，法律法规规定应办理其他有关农业资源登记手续或者收获手续的，甲方亦应积极配合乙方办理。办理有关登记造册、行政许可等事宜时，甲方不得自行收取费用。

第三十四条　承包期满，承包土地上附着的建筑物、设施、设备等财产，乙方有权拆除。甲方拟接受该财产的，应当给予乙方相应补偿，补偿标准为当年重置成本价值。

第三十五条　承包期满，承包土地上附着的农作物为当年生草本农作物的，乙方有权要求承包期延长至农作物成熟收获之时。

第三十六条　承包期满，承包土地上附着的农作物为未成熟或未收获的林木、多年生农作物的，甲方应当接受该财产，并应给予乙方相应补偿，补偿标准为当年市场价值。

第三十七条　乙方有权在其建筑物、设施、设备等财产上，以及林木、其他农作物或其他经营成果上设定抵押、质押以及其他担保权益。

第三十八条 乙方在承包经营过程中取得的商标、专利、技术秘密等知识产权及无形资产，其所有权由乙方所有。乙方拥有排他的申请、占有、使用、收益、处分的权利。

第三十九条 除依法属国家所有外，乙方承包土地上自然生长的野生动物，属乙方所有。乙方收获应当办理狩猎手续的，甲方应参照本协议第三十二、三十三条办理。第七章权利义务

第四十条 甲方的权利义务为：

（一）甲方有收取承包费的权利；

（二）甲方有代收乙方应当上交有关税费的权利义务；

（三）甲方有权监督承包方依照承包合同约定的用途合理利用和保护土地；

（四）甲方有权制止承包方损害承包地和农业资源的行为；

（五）甲方应维护承包方的土地承包经营权，不得非法变更、解除承包合同；

（六）甲方应尊重承包方的生产经营自主权，不得干涉承包方依法进行正常的生产经营活动；

（七）甲方应提供有关生产、技术、信息等服务；

（八）甲方应当提供良好的社会治安环境，保证乙方承包经营活动的顺利实施，保护乙方权益不受侵害；

（九）因盗、毁、抢等不法行为造成乙方损失的，甲方应先行全额赔偿，再申请政府有关部门进行处理；

（十）甲方应当每年将承包费的15%返还给乙方，用于承包土地范围内的福利基础建设；

（十一）甲方应当为乙方全力争取国家给予当地的各项优惠政策；

（十二）甲方应配合乙方办理林业保险，发生保险索赔事宜时，甲方应积极配合乙方处理索赔事宜；

（十三）甲方应当采取措施，防止乙方林业、农作物遭受病虫害

的侵害；

（十四）如发生一切阻碍、危害乙方承包经营事项时，甲方应及时通知乙方采取措施，因故意或者疏忽甲方怠于通知乙方，由此造成乙方损失的，甲方应当承担责任；

（十五）甲方应当积极提供水利、电力等设施便利给以方使用，有关费用由乙方承担。

第四十一条 乙方的权利义务为：

（一）一方依法享有承包地使用、收益和土地承包经营权流转的权利，有权自主组织生产经营和处置产品；

（二）乙方承包地被依法征用、占用的，有权依法获得相应的补偿；

（三）乙方应当维持土地的农业用途，不得用于非农建设；

（四）乙方应当依法保护和合理利用土地，不得给土地造成永久性损害；

（五）乙方的承包经营项目应当符合国家产业政策及法律法规；

（六）乙方应当根据本协议及时支付土地承包费；

（七）同等条件下乙方有优先收购、参股当地企业的权利；

（八）同等条件下乙方应优先将土地发包给当地农民，优先录用当地农民参加乙方的工作；

（九）乙方有权在办理相关手续的情况下，自行砍伐所植林木，并可在承包期内进行轮作；

（十）必要时乙方应当在承包土地范围内给予甲方通行、流水、架设铺设公用设施等方面的便利；

（十一）乙方对其林木、农作物或其他经营活动进行封闭式管理的，甲方或其他无关人员不得入内。

第四十二条 本承包协议签署后，双方不得因承办人或者负责人的变动而变更或者解除本协议，也不得因双方的分立、合并或组织结构发生变更而变更或者解除本协议。

第四十三条 任何一方发生分立、合并或组织结构发生变更，或发生重大诉讼，或发生重大财务危机，可能影响本协议的履行时，应及时通知他方。

第四十四条 任何一方不得指使、误导国家机关及其工作人员利用职权干涉承包经营或者变更、解除本承包协议。

第七章 不可抗力

第四十五条 由于地震、台风、水灾、火灾、重大疾病虫害、战争以及其他不能预见并且对其发生的后果不能防止或避免的不可抗力，致使直接影响本协议的履行或者不能按照本协议的约定完全履行时，遇有上述不可抗力的一方，应及时通知他方，并提供不可抗力的详细情形，提供不能履行，部分不能履行，或者需要延期履行的理由及有关证明材料，由双方协商解决本协议的履行问题。

第四十六条 遭受不可抗力的一方，不承担违约责任。

第四十七条 因不可抗力而致减产减收，乙方可以请求减免因不可抗力影响期间的承包费。

第四十八条 国家因环境保护、国防建设、公用事业等目的征用本协议承包土地，导致本协议不能履行或者不能完全履行的，甲方不承担违约责任。但国家给予的补偿费用应优先弥补乙方的损失。

第四十九条 因国家政策调整或法律法规发生变化，导致本协议不能履行或者不能完全履行的，甲方不承担违约责任。双方应就有关损失充分协商解决，达不成协议的，应由双方平均分担损失。上述损失仅包括直接投入产生的损失，不包括间接损失及预期收益。

第八章 违约责任

第五十条 本协议签署后，任何一方不得违约。否则违约一方应当向他方承担违约责任。违约责任不仅包括直接损失，还包括间接损失以及守约方依本协议应当取得的预期收益。

第五十一条 甲方拒绝交付本协议指明的土地的，应当赔偿乙方的一切损失，该损失计算标准为 1000 元/亩年。甲方逾期交付本协议指明的土地的，应支付乙方违约金，计算标准为中华人民共和国最高人民法院确定的违约金标准。

第五十二条 乙方逾期交付承包费的，应支付甲方违约金，计算标准为中华人民共和国最高人民法院确定的违约金标准。

第五十三条 分批分期履行交付土地及承包费过程中，如甲方逾期交付或拒绝交付某具体土地地块时，乙方可以行使同时履行抗辩权或者不安抗辩权，拒绝交付此前设定的承包费。如乙方逾期交付或拒绝交付某具体土地地块承包费时，甲方可以行使同时履行抗辩权或者不安抗辩权，拒绝交付此后设定的具体土地地块。

第五十四条 任何一方的重大违约行为完全破坏双方合作基础的，致使本协议的履行成为不可能或不必要时，他方可以单方终止本协议，并要求违约方赔偿全部损失和承担全部违约责任。

第九章　附则

第五十五条 本协议的标题仅为阅读方便而设计，不得解释为限制协议内容。

第五十六条 本协议取代此前双方达成的任何书面口头协议，上述书面口头协议不再发生法律约束力。

第五十七条 本协议签署后双达成的补充协议、交接记录等，为本协议的组成部分，具有同等的法律约束力。上述补充协议等文件不得与本协议的基本原则发生冲突或抵触，其对本协议有关内容进行明确化、具体化的，以其为准。补充协议等文件之间发生冲突的，以后出具的文件优先于前出具的文件。

第五十八条 双方对本协议的理解发生冲突的，应根据本协议的目的和基本原则，诚实善意进行解释。

第五十九条 本协议部分无效或不被法律认可，不影响其它部分的法律效力。

第六十条 因本协议的签署、履行、续展、变更、解释、终止、解除等发生争议的，双方应当协商解决。如争议发生的十五个工作日内仍无法达成一致的，任何一方有权提请仲裁解决。仲裁机构为_____仲裁委员会。仲裁裁决为终局的，对双方均有约束力。

第六十一条 发生争议后，任何一方暂不提请仲裁，不意味着放弃仲裁权，也不意味着将来不提请仲裁。

第六十二条 本协议双方法定代表人签名盖章后成立，甲方的上级主管部门_____市_____管理局应对本协议进行见证。本协议应由_____市公证机关进行公证后发生法律效力。

第六十三条 本协议一式六份，双方各持二份，_____市_____管理局及_____市公证机关各持一份，具有同等法律效力。

第六十四条 未尽事宜，甲乙双方另行议定。

甲方：_____省_____市_____农场
乙方：_____市_____林业发展有限公司
_____省

年　月　日

23 农民的承包地能够卖掉吗?

典型事例

老王在家里承包了 20 亩耕地。后来在外面打工很赚钱，于是老王决定回来后将自己家的承包地出卖给邻居老李，两家签订了买卖合同，后来在老李将土地承包经营权证拿到土地部门做变更的时候，被告知，他们买卖土地的行为是违法的。但是，老李可以通过其他的形式，比如转包、出租等形式使用老王的土地，老李无奈，最后只能作废买卖合同。

法津分析

依照我国的法律规定，私人是没有土地所有权的，因此不能自己买卖土地。农村的土地是归农村集体经济所有的。也就是我们通常所说的农村集体土地。农民承包了集体所有的土地，对土地享有的只是使用和收益的权益，而没有所有权。也就是说，农民承包了土地，只能耕种土地，通过土地生长农作物来获得收益，而不能直接的买卖土地。不但农民没有买卖土地的权利，在我国任何的私人都没有买卖土地的权利。但是，农民完全可以用通过其他的形式来实现土地使用权的流转，比如转包、出租等。

法津依据

《农村土地承包法》第4条："国家依法保护农村土地承包关系的长期稳定。

农村土地承包后，土地的所有权性质不变。承包地不得买卖。"

24 村民之间的承包地能够互换吗?

典型事例

老王在本村拥有30亩承包地，但是2002年老王搬家到了本乡的另外一个村庄，为了种植上的方便，老王想将自己的承包地与本村的老李的承包地互换一下，这样双方都方便，与老李商量之后，双方签订了互换合同。但是当他们到村委会进行备案时，村主任说他们之间的互换土地的行为没有经过村里的同意，所以是无效的，不能备案。于是他们不得不向乡政府去反映情况，乡政府知道后告诉他们互换土地的行为是合法的，应该给予备案。乡政府通知了村里给他两个人办理了备案手续，同时，还告诉他两个人去土地管理部门进行了土地承包经营权的变更，最后他们到县里的土地局进行了土地承包经营权的变更。

法律分析

互换是我国法律规定的农民依法流转土地承包经营权的一种形式，也就是说，农民之间自愿的互换承包地的行为是我国法律所允许的，不受他人干涉。但还是要注意，这种互换有一个前提，那就是必须是同一集体经济组织内的成员之间，一般就是本村农民之间才能进行互换。那么，互换承包地需不需要村委会的同意呢？我国的法律规定，本村农民之间互换承包地是不需要村委会同意的，只要双方自愿，依法互换即可。但是，互换后，应该到村委会去备案，村委会不能从中阻挠。所以，事例中的老王与老李互换承包地的行为是合法的。

农民的承包地互换后，对于原来的承包地就不再享有承包权了，只对互换之后的土地享有承包权。所以，互换承包地后，除了到村委会进行备案以外。还要去办理农村土地承包经营权证的变更登记手续。进行变更后，会减少很多不必要的麻烦，避免一些法律风险。

法律依据

《农村土地承包经营权流转管理办法》第17条:"同一集体经济组织的承包方之间自愿将土地承包经营权进行互换,双方对互换土地原享有的承包权利和承担的义务也相应互换,当事人可以要求办理农村土地承包经营权证变更登记手续。"

《农村土地承包法》第38条:"土地承包经营权采取互换、转让方式流转,当事人要求登记的,应当向县级以上地方人民政府申请登记。未经登记,不得对抗善意第三人。"

附:农村土地承包经营权互换合同(示范文本)

农村土地承包经营权互换合同

甲方:　　　　　　　　甲方代表姓名:

甲方住所:

原土地承包合同编号:　　　原土地承包经营权证书编号:

乙方:　　　　　　　　乙方代表姓名:

乙方住所:

原土地承包合同编号:　　　原土地承包经营权证书编号:

根据《中华人民共和国农村土地承包法》和《中华人民共和国农村土地承包经营权流转管理办法》(农业部令第47号)等法律、法规和国家相关政策,本着平等协商、自愿、有偿的原则,经双方协商一致,签订本合同。

一、互换土地面积、位置及用途

1. 甲方自愿将其拥有土地承包经营权的土地_____亩互换给乙方,互换土地的面积、位置及用途详见下表:

甲方互换土地总面积（亩）		甲方互换地块总数（块）				用途
甲方互换地块具体情况	地块名称	面积	等级	地类	四至	
					东至 西至 南至 北至	
					东至 西至 南至 北至	
					东至 西至 南至 北至	
					东至 西至 南至 北至	

（说明：表格可调整，行数可增加）

2. 乙方自愿将其拥有土地承包经营权的土地_____亩互换给甲方，互换土地的面积、位置及用途详见下表：

乙方互换土地总面积（亩）		乙方互换地块总数（块）				用途
乙方互换地块具体情况	地块名称	面积	等级	地类	四至	
					东至 西至 南至 北至	
					东至 西至 南至 北至	
					东至 西至 南至 北至	
					东至 西至 南至 北至	
					东至 西至 南至 北至	

二、互换期限

自＿＿年＿＿月＿＿日起至＿＿年＿＿月＿＿日止。共＿＿年＿＿月（大写，最长期限不得超过土地承包期的剩余期限）。

三、流转费及支付方式

互换土地不完全均等，经双方同意，需要一方向对方给付流转费的，填写以下项目：

1. 流转费标准（或金额）约定：

2. 流转费支付方式和支付时间：

四、权利和义务

1. 承包土地互换后，相应的承包经营权同时交换，双方对互换土地原享有的承包权利和承担的义务也相应交换。

2. 土地互换后，甲、乙双方应报发包方（村集体经济组织）备案，并及时办理有关承包合同和土地承包经营权证变更手续。

3. 承包土地互换后，双方当事人均可以向区、县人民政府申请登记，一方当事人要求登记的，对方当事人应当予以配合。

4. 甲、乙双方在互换后的地块上具有使用权、收益权、自主组织生产经营和产品处置权。

5. 甲、乙双方应依法保护和合理利用土地，应增加投入以保持土地肥力，不得使其荒芜，不得从事掠夺性经营，不得搭建违章建筑，不得擅自改变土地用途，不得给土地造成永久性损害。

6. 因互换土地的面积、等级、价值不对等的，由双方当事人自行协商约定补偿办法。可以在本合同中约定，也可以签定补充协议。

7. 互换土地补国家征收、征用取得补偿款的，补偿款归属由双方当事人在本合同中约定，或另行协商约定。未约定或约定不成的，征地补偿款归互换后的地块承包人所有。

五、违约责任

合同双方当事人任何一方违反本合同规定条款，均视为违约，违约方应向对方支付违约金元，如违约金不足以弥补经济损失的，按实际损失赔偿。

因国家法律、法规和政策调整等不可抗力影响，需要变更或解除合同的，按相关规定执行。

六、纠纷解决方法

发生纠纷的，双方当事人可以协商解决，也可以请求村民委员会、乡（镇）人民政府等调解解决。

当事人不愿协商、调解或者协商、调解不成的，可以向本辖区农村土地承包仲裁委员会申请仲裁，也可以直接向人民法院起诉。

七、双方约定的其他事项

1. 流转合同到期后地上附着物及相关设施的处理约定：

（1）当前地上附着物及相关设施统计：

甲方：

乙方：

（2）当前地上附着物及相关设施作价和归属约定：

甲方：

乙方：

2. 有关国家政策性补贴归属的约定；

3. 互换土地被征收、征用依法应获得补偿费归属的约定；

4. 其他约定。

八、本合同自双方签字盖章之日起生效

当事人可以向乡镇农村合作经济经营管理部门申请鉴证。

九、本合同一式四份，当事人双方各执一份，村集体经济组织和乡（镇）农村合作经济经营管理部门备案各一份

甲方：   乙方：

甲方代表签章：   乙方代表签章：

签订地点：   签订地点：

签订日期：   签订日期：

25 出租、转包承包地需要村委会同意吗？

典型事例

老王一家最近在城里打工，感觉挣钱比在农村挣得多，准备将自己的承包地转包给老李，于是两家签订了土地承包经营权的转包合同，但是在村委会备案时，村委会说是未经过村委会的同意擅自将自己的承包地转包的行为是无效的。老王觉得很委屈，于是向法院起诉，最终法院支持了老王的诉请，确认了转包合同的效力，只需要在村委会备案即可。

法律分析

依照我国法律规定，农户依法取得的承包地是可以采取转包、出租、互换、转让或者其他形式来流转的。所以，老王将自己的承包地转包给老李的行为是合法的。依照我国法律规定，农户之间在自愿达成的土地出租和转让合同是有效的，不需要经过村委会的同意，而只需要到村委会备案即可。所以，事例中村委会的做法是不正确的，最后法院的判决是合法有理有据的。

但是，不是所有的土地流转行为都不需要村委会的同意，比如，我国法律规定采取转让方式流转的就应该经过村委会的同意。因为，当采取转让方式流转土地的时候，农民将会失去土地承包经营权，这将会对农民的影响非常大。相反的，转包和出租的形式来流转土地，承包农户依然享有土地承包经营权，所以，以这两种方式达成土地流转协议的，备案登记即可。

法律依据

《农村土地承包法》第10条："国家保护承包方依法、自愿、有偿地进行土地承包经营权流转。"

第32条："通过家庭承包取得的土地承包经营权可以依法采取转包、出租、互换、转让或者其他方式流转。"

第37条："土地承包经营权采取转包、出租、互换、转让或者其他方式流转，当事人双方应当签订书面合同。采取转让方式流转的，应当经发包方同意；采取转包、出租、互换或者其他方式流转的，应当报发包方备案。

土地承包经营权流转合同一般包括以下条款：

（一）双方当事人的姓名、住所；

（二）流转土地的名称、坐落、面积、质量等级；

（三）流转的期限和起止日期；

（四）流转土地的用途；

（五）双方当事人的权利和义务；

（六）流转价款及支付方式；

（七）违约责任。"

附：农村土地承包经营权流转合同书示例

<h2 style="text-align:center">农村土地承包经营权流转合同书</h2>

为了发展农村经济，促进农村土地经营权的合理流转，根据《中华人民共和国农村土地承包法》、农业部《农村土地承包经营权管理办法》及农村土地承包的有关法律、法规和政策规定，双方协商一致，签订本合同。

土地承包经营权流转合同书

甲方（转出方）：＿＿＿＿＿＿＿＿＿＿＿＿＿＿＿＿＿＿＿＿＿＿＿

转出方代表：＿＿＿＿＿＿＿＿＿＿＿＿＿＿＿＿＿＿＿＿＿＿＿＿

乙方（转入方）：＿＿＿＿＿＿＿＿＿＿＿＿＿＿＿＿＿＿＿＿＿＿＿

转入方代表：＿＿＿＿＿＿＿＿＿＿＿＿＿＿＿＿＿＿＿＿＿＿＿＿

一、流转的土地面积位置及用途

甲方将拥有承包经营权的＿＿＿＿＿＿＿＿亩土地流转给乙方经营。甲方流转土地

甲方流转土地 总面积（亩）		甲方流转地块总数（块）				用途
甲方流转地块具体情况	地块名称	面积	等级	地类	四至	

甲方流转土地总面积（亩）		甲方流转地块总数（块）				用途
					东至 西至 南至 北至	
					东至 西至 南至 北至	
					东至 西至 南至 北至	
					东至 西至 南至 北至	

二、采取下列第_____种_____类流转形式，甲方将土地承包经营权流转给乙方，双方应同时承担下列相应的权利和义务

（一）甲方将土地流转给乙方（除集体经济组织之外的第三方），有下列五种流转形式：

1. 转包：甲方将土地经营权转包给乙方，双方签订此流转合同。甲方与村集体经济组织签订的原承包合同仍然有效，乙方对接转的土地在一年内不得再行转包。

2. 转让：甲方将土地经营权转让给乙方，双方签订此流转合同。甲方经申请和发包方同意，将土地承包经营权让渡给乙方从事农业生产经营，由乙方履行相应土地承包合同的权利和义务。转让后原土地承包关系自行终止，甲方承包期内的土地承包经营权灭失。

3. 互换：甲方和乙方本着自愿互利的原则互相交换土地承包权，并签订此流转合同。双方与村集体经济组织签订的原承包合同由对方履行。

甲方调换给乙方的地块见上页表：

乙方调换给甲方的地块如下表：

乙方流转土地总面积（亩）	乙方流转地块总数（块）					用途
乙方流转地块具体情况	地块名称	面积	等级	地类	四至	
					东至 西至 南至 北至	
					东至 西至 南至 北至	
					东至 西至 南至 北至	
					东至 西至 南至 北至	

4. 入股：甲方在不改变土地用途的前提下，将土地经营权作为股份流转给乙方，双方签订此流转合同。甲方与村集体经济组织签订的原承包合同仍然有效。

5. 出租：甲方将土地承包经营权租赁给乙方经营。甲方原土地承包关系不变，继续履行与村集体经济组织签订的原土地承包合同规定的权利和义务。

（二）甲方将土地经营权流转给乙方（村集体经济组织或中介组织），有下列两种流转形式：

1. 无偿转让（自愿交回土地经营权）：甲方将土地经营权无偿转让给发包方，双方签订此流转合同。甲方在规定的一个调整周期内不得向发包方重新要地。

2. 委托经营：甲方将土地经营权有偿委托给发包方或中介组织，双方签订此流转合同。受委托方既可直接对委托的土地进行经营，也可再将其流转给其他经营者。

无论采取上述哪种流转形式，甲乙双方都应按合同规定用途使用土地，不准荒芜，不搞破坏性、掠夺性经营，不得违反有关土地管理的其他规定。按时交付流转费和各种税款。在土地流转期间发生的债权债务，由乙方承担。

三、流转后土地的经营项目

_____。

四、流转期限

流转期限自_____年_____月_____日起至_____年_____月_____日止，共（大写）_____年。

五、流转费金额及交付办法

1. 流转价格为_____元/年亩，年流转费金额为_____元。每_____年递增_____%。在当年的_____月_____日前由乙方向甲方交纳。

2. 流转价格为_____元/年亩，流转期内总计_____元，由乙方在合同签订之日一次性向甲方交纳。

3. _____。

六、违约责任

（一）合同双方当事人任何一方违反本合同规定条款，均视为违约，违约方应向对方支付违约金_____元，如违约金不足以弥补经济损失的，按实际损失赔偿。

（二）乙方不按期交纳流转费，每天按所欠承包费（租金）的_____‰向甲方支付滞纳金。超过30天的，承担违约责任。

七、纠纷的解决办法

发生合同纠纷时，双方协商解决，协商不成的，任何一方均可向镇村两级合同管理组织申请调解，调解不成可申请蓟县农村土地承包纠纷仲裁委员会进行仲裁，也可直接向人民法院起诉。

八、双方约定的其他事项

1. 在流转期内，如遇流转土地被征用，按实际流转时间计算流转费金额，其青苗补偿费、地上附着物补偿费按第_____种方式处置。

（1）归投资者所有。

（2）由双方依据实际情况协商确定。

2. 流转合同到期后，若继续流转，在同等条件下，乙方有优先权。

九、本合同未尽事宜，双方可经协商签订补充协议，补充协议与本合同具有同等法律效力

十、本合同由双方签字盖章并经镇（乡）农经站鉴证后生效

十一、本合同一式四份，甲乙双方各执一份，村集体经济组织和鉴证机关各备案一份

甲（转出）方（章）代表（签字）：

年　　月　　日

乙（转入）方（章）代表（签字）:

　　　　　　　　　　年　　月　　日

原发包方（章）代表（签字）:

　　　　　　　　　　年　　月　　日

鉴证机关:（章）鉴证员（签字）:

　　　　　　　　　　年　　月　　日

26 | 哪些情况下本村村民有权优先承包土地?

典型事例

老王所在的村子有一座荒山，经过村委会集体商量，决定将荒山承包出去，于是在村旁公路的显著位置上作了广告宣传，最后有一家城里的林业公司愿意承包。经过协商，双方签订了承包合同。但是就是在此时，村里的老王觉得自己是村集体经济成员，应该享有优先承包权，双方争执不下，老王起诉至法院。最后，法院判决，荒山继续由县里的林业公司承包。

法律分析

依照我国法律的规定，当本村村民将承包地转包给外村人，或者是村集体组织将本村的土地发包给本村以外的人的时候，本村的村民在相同条件下是享有优先权的。同等条件下是指，流转的价格和流转的期限等主要内容相同。在这些主要内容相同的条件下，本村的村民就有优先权来承包本村的土地。但是，本村的村民的优先权也是有使用期限和具体情况的，并不是什么时候使用，什么情况下使用都可以。一般情况下，本村集体成员将承包地转包给本村以外的人都要书面公示一段时间，如果在这段时间内，本村的农民没有提出的话，就应该认为是本村的农民自动放弃了优先权，在与本村以外的人签订转包合同以后，就不能再主张优先权。如果在将土地转包给外村人之前没有书面公示，外村人开始承包这块地后两个月内，还可以使用优先权，两个月之后就不能使用优先权了。

另外，还有一种情况不能使用优先权，就是村集体组织将村里的土地承包给本村以外的人，经过了村民会议的通过，并且得到了乡政府的批准。本村村民就不能行使优先权了。但是，在没有被村民会议通过之前，本村村民仍然有承包的优先权利。

法律依据

最高人民法院《关于审理涉及农村土地承包纠纷案件适用法律问题的解释》第 11 条："土地承包经营权流转中，本集体经济组织成员在流转价款、流转期限等主要内容相同的条件下主张优先权的，应予支持。但下列情形除外：

（一）在书面公示的合理期限内未提出优先权主张的；

（二）未经书面公示，在本集体经济组织以外的人开始使用承包地两个月内未提出优先权主张的。"

第 19 条："本集体经济组织成员在承包费、承包期限等主要内容相同的条件下主张优先承包权的，应予支持。但在发包方将农村土地发包给本集体经济组织以外的单位或者个人，已经法律规定的民主议定程序通过，并由乡（镇）人民政府批准后主张优先承包权的，不予支持。"

27 农村土地承包经营纠纷仲裁是咋回事?

典型事例

老王承包了村里的 10 亩地,由于老王只有一个人生活,并且身体不太好,于是就将承包地交给了自己的远方侄子来经营,但是最后侄子将自己的粮食卖掉后,卖掉的钱却不给老王,老王很生气就想要要回承包地,但是侄子说承包地已经是自己的了,拒绝归还,于是老王无奈之下,找到乡镇,乡镇相关工作人员了解情况后,告诉老王可以将纠纷交给土地承包经营纠纷委员会来解决。老王不会写字,于是在乡镇工作人员的指导下,找到了县里的土地承包经营纠纷委员口头将情况反映了一下,最后仲裁委员会开庭审理了此案,老王要回了自己的承包地。

法律分析

2010 年 1 月 1 日起施行的《农村土地承包经营纠纷调解仲裁法》,为我国广大的农村地区解决土地承包经营权纠纷提供了新的法律保障。当农民遇到了土地承包经营纠纷时候,一般有以下的解决途径。首先,就是争取纠纷的双方能够自行和解,老百姓大多数讲究一个"和"字。彼此之间谦让一点,纠纷也就解决了;其次,找村委会、乡政府来解决纠纷,主要是请他们进行调节;最后,如果是自行和解和调节都不能解决问题的话,那就可以申请仲裁或者是向法院起诉。与向法院起诉比较,申请仲裁的程序会比较简单一些,费用也相对会便宜一些。所以,当遇到纠纷时,申请仲裁无疑是解决纠纷不错的选择。

要想申请土地承包经营权纠纷仲裁,就应该首先提交一个土地承包经营纠纷仲裁申请书。这个申请书应该写明白如下的内容：你自己的情况、侵犯你权利的人的情况、你想要主张哪些权利、为什么事情来申请仲裁、现在手头上有什么证据、证据在哪里、能不能提供等问题。如果没有办法提供书面的申请书，也可以口头去申请，就是到仲裁委员会去讲清楚这些情况。故事中，老王就是用的口头申请，仲裁庭一般会开庭审理，最后会制作相应的裁决书。

法 律依据

《农村土地承包经营纠纷调解仲裁法》第12条："农村土地承包仲裁委员会，根据解决农村土地承包经营纠纷的实际需要设立。农村土地承包仲裁委员会可以在县和不设区的市设立，也可以在设区的市或者其市辖区设立。

农村土地承包仲裁委员会在当地人民政府指导下设立。设立农村土地承包仲裁委员会的，其日常工作由当地农村土地承包管理部门承担。"

第21条："当事人申请仲裁，应当向纠纷涉及的土地所在地的农村土地承包仲裁委员会递交仲裁申请书。仲裁申请书可以邮寄或者委托他人代交。仲裁申请书应当载明申请人和被申请人的基本情况，仲裁请求和所根据的事实、理由，并提供相应的证据和证据来源。

书面申请确有困难的，可以口头申请，由农村土地承包仲裁委员会记入笔录，经申请人核实后由其签名、盖章或者按指印。"

28 土地承包经营纠纷仲裁应该由谁来举证？

典型事例

老王在村里承包了 20 亩的耕地，由于经常在外打工，所以经过认真的考虑，老王将自己的耕地转包给同村的邻居老李。双方签订了转包合同，并且到村委会办理了备案手续。但是不久之后，村委会以村里的地少人多为由要将老王的耕地收回。老王知道后非常生气，认为自己的耕地依照承包的约定应该继续由自己承包，并且有权将承包的耕地进行转包。无奈之下，老王就向当地的农村土地承包经营纠纷仲裁庭申请仲裁。村委会在仲裁庭上很是心虚，谎称是老王自己主动将承包的耕地上交的。在仲裁庭上，老王拿出了自己的土地承包经营权证、土地转包合同等证据，而村委会却拿不出相应的证明老王将承包的耕地自动上交的证据。最后，仲裁庭作出裁决，老王继续承包 20 亩耕地，老王因此受到的损失由村委会承担。

法律分析

我国在民事证据方面有个原则。即"谁主张，谁举证"，也就是说，你应该为你自己提出的主张提供相应的证据予以证明。事例里面，老王主张自己拥有 20 亩耕地的承包权，就必须拿出自己的土地承包经营权证和与老李签订的土地转包合同。而村委会主张老王是自己自愿将耕地上交给村里的就需要提供相应的证据证明，最终结果是村委会没有证据证明，而且，村委会也证明不了自己的主张。一般情况下，证据都是要自己去收集的。如果确实因为现实的客观原因自己不能收集的，或者是因为法院认为审理案件时需要的证据，法院才应该调查收集。证据是赢得裁判的关键，不论是去法院起诉还是申请仲裁都是一样的，拿不出证据就应该承担相应的法律后果。所以，提醒广大的农民朋友，在平时的生活中，一定要多注意保留相应的证据，比如合同、借条、收据等等。只有这样，在发生纠纷的时候才能拿出有力的证据举证自己的主张，最大限度地维护自己的合法权益。

法律依据

《农村土地承包经营纠纷调解仲裁法》第 37 条："当事人应当对自己的主张提供证据。与纠纷有关的证据由作为当事人一方的发包方等掌握管理的，该当事人应当在仲裁庭指定的期限内提供，逾期不提供的，应当承担不利后果。"

《民事诉讼法》第 64 条："当事人对自己提出的主张，有责任提供证据。

当事人及其诉讼代理人因客观原因不能自行收集的证据，或者人民法院认为审理案件需要的证据，人民法院应当调查收集。

人民法院应当按照法定程序，全面地、客观地审查核实证据。"

29 | 家庭承包如何办理土地承包经营权证？

典型事例

老王所在的村完成了新一轮的承包，村民们签订了土地承包合同，但是，转眼一年过去了，大家的土地承包经营权证还没有办理下来。于是老王带领大家向村委会要说法，村主任说："你们的土地承包经营权权证已经发下来了，但是为了便于管理，村委会决定由村委会来为你们统一管理"。老王觉得事情有些不对，于是向乡镇府反映情况，乡政府知道后，要求村委会立刻将土地承包经营权证发给老王等村民。

法津分析

依照我国法律规定，家庭承包经营土地的农户，由县级以上政府颁发农村土地承包经营权证。农村土地承包经营权证要发放到农户手中，村委会不能保存农民的农村土地承包经营权证。事例里，村委会保存农民的农村土地承包经营权证是不合法的，所以，最后乡政府通知村委会将村民的承包经营权证发到农户手中。同时，需要注意的是，我国农村家庭承包土地办理农村土地承包经营权证的手续一般是这样的：农户签订土地承包合同后30天内，村委会就会将土地承包方案、承包农户和承包地的详细情况、土地承包合同等材料报到乡镇政府的农村经营管理部门。然后，乡镇政府主管农业的部门进行初审，材料符合规定就登记造册，然后向县级以上政府提出颁发土地承包经营权证的书面申请。县级以上农业主管部门对乡里上报上来的材料进行再审核，材料符合规定就编制农村土地经营权证登记簿，并且上报给县级以上人民政府颁发农村土地承包经营权证，然后，通过乡政府来颁发农村土地承包经营权证。乡政府领回来后，30天内发给农户。所以，事例中，村委会的做法是不合法的。

法津依据

《农村土地承包经营权证管理办法》第7条："实行家庭承包的，按下列程序颁发农村土地承包经营权证：

（一）土地承包合同生效后，发包方应在30个工作日内，将土地承包方案、承包方及承包土地的详细情况、土地承包合同等材料一式两份报乡（镇）人民政府农村经营管理部门。

（二）乡（镇）人民政府农村经营管理部门对发包方报送的材料予以初审。材料符合规定的，及时登记造册，由乡（镇）人民政府向县级以上地方人民政府提出颁发农村土地承包经营权证的书面申请；材料不符合规定的，应在15个工作日内补正。

（三）县级以上地方人民政府农业行政主管部门对乡（镇）人民政府报送的申请材料予以审核。申请材料符合规定的，编制农村土地承包经营权证登记簿，报同级人民政府颁发农村土地承包经营权证；申请材料不符合规定的，书面通知乡（镇）人民政府补正。"

第13条："乡（镇）人民政府农村经营管理部门领取农村土地承包经营权证后，应在30个工作日内将农村土地承包经营权证发给承包方。发包方不得为承包方保存农村土地承包经营权证。"

30 承包地可以承包给外村人吗？

典型事例

老王是农村户口，近几年在城市打工收入不菲，于是想将自己承包的30亩的承包地转包出去。最后，与邻村的表哥商量之后，老王决定将承包地以每亩400元的价格转包给表哥，正当双方要签合同的时候，同村的老李找到老王说："你不能将承包地转包给外人，我们是同一个集体经济体的成员，你表哥出多少价格我就出多少来承包你的地"。但是，老王不愿意将地转包给老李，坚持转包给表哥，最后两人来到乡政府咨询，相关工作人员解释说："依照法律规定，如果老李出的价格与老王表哥出的价格一样的话，那么老李的确是有优先权的"。无奈之下，老王表哥将价格提高到500元/亩转包了老王的土地。

法律分析

依照我国法律规定，农民的承包地在法律规定的条件下，依法是可以采取转包、出租、转让、互换等方式进行流转的。那么，本村的承包地是否可以转包给外村人呢？这在法律上并没有统一的规定。只要土地双方不改变土地的使用用途，并且具有从事农业生产的能力，经过双方同意是可以转包给外村人的。事例里，老王将自己的承包地转包给邻村的表哥是允许的。但是，法律同时规定，在同等条件下转包土地的，本村集体经济组织的成员是有优先权的。也就是说，在同等的价格下和承包同样面积的情况下，转包的农户要优先转包给本村的人，而不能优先转包给外村的人。除非转包给外村的人有更高的条件，而本村人不愿意再给出同样的条件的情况下，才能转包给外村人。所以，事例里面的老王最终将土地承包给表哥是合法的。

法律依据

《农村土地承包法》第 32 条："通过家庭承包取得的土地承包经营权可以依法采取转包、出租、互换、转让或者其他方式流转。"

《农村土地承包经营权证管理办法》第 9 条："农村土地承包经营权证登记簿记载农村土地承包经营权的基本内容。农村土地承包经营权证、农村土地承包合同、农村土地承包经营权证登记簿记载的事项应一致。"

31 起诉到法院以后还能不能再申请土地承包经营纠纷仲裁？

典型事例

老王和老李都是同一个村的村民，两家的承包地都面临着同样的一个问题，那就是承包地距离自家太远而距离对方很近。于是两人商量互换承包地以方便耕种。商量好以后，两家就互换了土地，同时各自在承包地上种植上了玉米。但是，两家并没有签订所谓的互换合同。后来。老李看到老王的土地上的玉米长得很好，而自己的土地上的玉米却非常不好，于是有些后悔并且要求换回承包地。老王非常气愤，于是将老李告上法院，要求法院支持自己的主张。时间过去 2 个多月了还没有结案，这时的玉米已经面临收割了，老王很是着急，于是到县里的土地承包纠纷仲裁委员会申请仲裁。仲裁委员会审核过老王的材料后觉得没有问题，但是在得知老王已经向法院起诉了，就告诉老王不能申请仲裁。老王只有等法院的判决结果了，最后法院判决两个人的互换承包地的行为是有效的。

法律分析

申请土地承包经营权纠纷除了应该符合申请条件外，还应该注意以下情形，否则仲裁委员会是不会受理的，即使受理了也会终止：首先，就是要符合申请条件；其次，如果已经起诉到法院的纠纷是不能再来申请仲裁的；再次，如果纠纷已经被有关部门解决了，就不能再申请仲裁；最后，如果法律上规定的应该由其他部门管的，不能申请仲裁。事例里，老王在申请仲裁前已经向法院起诉了，并且法院正在处理，所以仲裁委员会是不会受理的。

31. 起诉到法院以后还能不能再申请土地承包经营纠纷仲裁？

法律依据

《农村土地承包经营纠纷调解仲裁法》第20条："申请农村土地承包经营纠纷仲裁应当符合下列条件：

（一）申请人与纠纷有直接的利害关系；

（二）有明确的被申请人；

（三）有具体的仲裁请求和事实、理由；

（四）属于农村土地承包仲裁委员会的受理范围。"

第22条："农村土地承包仲裁委员会应当对仲裁申请予以审查，认为符合本法第20条规定的，应当受理。有下列情形之一的，不予受理；已受理的，终止仲裁程序：

（一）不符合申请条件；

（二）人民法院已受理该纠纷；

（三）法律规定该纠纷应当由其他机构处理；

（四）对该纠纷已有生效的判决、裁定、仲裁裁决、行政处理决定等。"

附：起诉需要的相关法律文书及知识

民事起诉状

原告：_____ 地址：_____ 电话：_____

法定代表人：_____ 职务：_____

委托代理人：姓名：_____ 性别：_____ 年龄：_____

民族：_____ 职务：_____ 工作单位：_____

住址：_____ 电话：_____

被告：_____ 地址：_____ 电话：_____

法定代表人：_____ 职务：_____

诉讼请求：_____

事实和理由：_____

此致

_____人民法院

原告人：_____（盖章）

法定代表人：_____（签章）

_____年_____月_____日

附：合同副本_____份。

本诉状副本_____份。

其它证明文件_____份。

小贴士：

①事实和理由中应写清合同签订的经过、具体内容、纠纷产生的原因、诉讼请求及有关法律、政策依据。

②原告应向法院列举所有可供证明的证据。证人姓名和住所，书证、物证的来源及由谁保管，并向法院提供复印件，以便法院调查。

③本诉状适用于被告为法人或其他组织。

民事上诉状

上诉人：名称：_____住所：_____电话：_____

法定代表人：名称：_____职务：_____

委托代理人：姓名：_____性别：_____年龄：_____

民族：_____职务：_____工作单位：_____

住所：_____电话：_____

上诉人因_____一案，不服_____法院于_____年

_____月_____日_____字第_____号判决，现提出上诉。

31. 起诉到法院以后还能不能再申请土地承包经营纠纷仲裁？

上诉理由及请求：_____

此致

_____人民法院

上诉人：_____（盖章）

法定代表人：_____（签章）

_____年____月____日

附：

1. 本上诉状副本____份。

2. 有关证明材料____件。

小贴士：

①上诉理由应全面陈述对第一审人民法院在认定事实和适用法律上的不当或错误，提出所根据的事实和理由，包括在一审程序中未提供的事实、理由和证据。上诉的请求包括要求全部或部分撤销、变更原判决。

②当事人不服法院一审判决的，有权在判决书送达之日起 15 日内向上一级人民法院提起上诉。

民事答辩状

答辩人：_____，

因_____诉我单位_____一案，答辩如下：

_____

此致

_____人民法院

答辩人：_____

_____年 ___月 ___日

附：答辩书副本 _____份。

其它证明文件 _____份。

小贴士：

①答辩的理由，是答辩状的主体部分，通常包括以下内容：就案件事实部分进行答辩；就适用法律方面进行答辩。

②提出答辩主张，即对原告起诉状或上诉人上诉状中的请求是完全不接受，还是部分不接受，对本案的处理依法提出自己的主张，请求法院裁判时予以考虑。

证据目录

序	证据名称	形式	份数	证明内容	页码
1	道路交通事故认定书	复印件	1	交通事故事实	1~2
2	青海省xx医院住院病历	复印件	1	赔偿计算依据	3
3	青海省xx医院住院出院证	复印件	1		4
					5
4	误工费证明	复印件	1		6
5	医院护理证明	复印件	1		7
6	陪护人员收入证明	复印件	1		8~12
7	医疗费票据	复印件	1		13~15
8	交通费票据	复印件	1		16~19
9	处理事故费用票据	复印件	1		20
10	车辆维修费票据	复印件	1		

提交人：

年　月　日

31. 起诉到法院以后还能不能再申请土地承包经营纠纷仲裁?

民事诉讼流程图

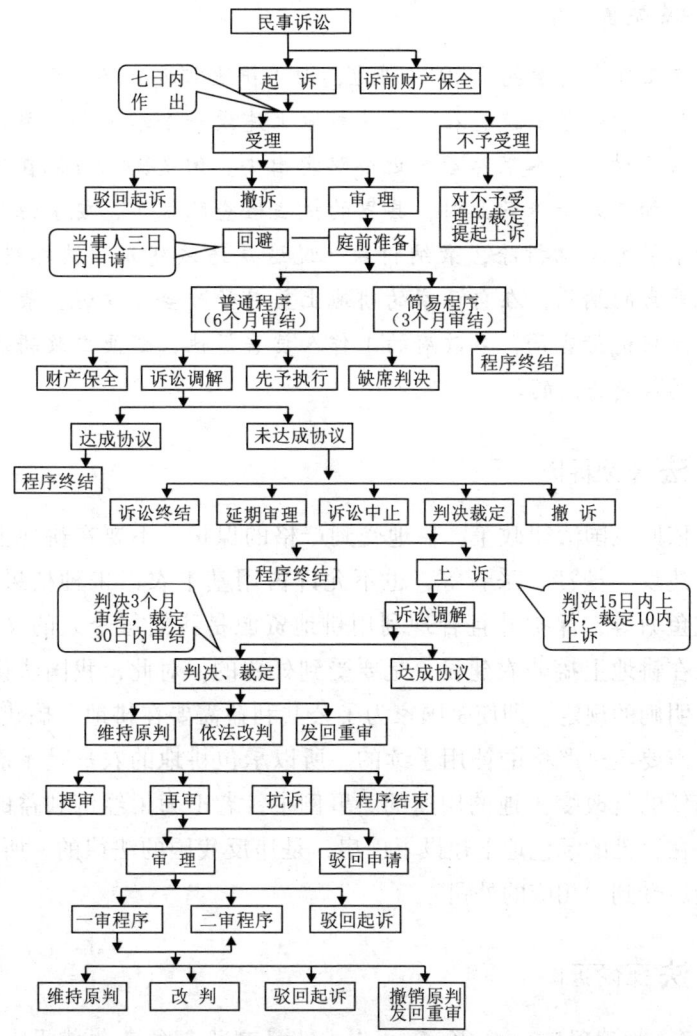

32 农用地不种田，用来干别的行吗？

典型事例

老王在本村承包了 20 亩耕地，由于耕地靠近公路，交通十分的方便。于是老王就想在自己的耕地上建设一个水果加工站，到时候收购村里的水果然后靠近公路卖出去。但是，正当他在建设好水果加工站等着营业时，县里的执法检查队来了，要求他将新建的水果加工站拆除，缴纳罚款，说这是违法建筑，破坏耕地。老王非常的纳闷，在自己家的耕地上盖房子咋会违法呢？最后他向乡政府进行咨询，乡政府的工作人员告诉他，随便更改耕地的用途的确是违法的。

法律分析

依照我国法律政策，耕地受到严格的保护，不要在耕地上建窑、建坟、挖沙、采石等，也不允许占用基本农田来种植果树，开挖鱼塘等，保护并且合理利用耕地资源是我们每个人的义务。如果在耕地上搞非农建设，是要受到处罚的，对此，我国法律都做了明确的规定。即使是国家为了公共利益需要在耕地上搞建设，也是需要经过严格的征用手续的。所以承包耕地的农户是不能自己随便的就改变土地的用途的。事例中，老王为了经济利益的考虑，在自己的承包地上建设了厂房，是违反我国的法律的。所以，他最后受到了相应的处罚。

法律依据

《土地管理法》第 36 条："非农业建设必须节约使用土地，

可以利用荒地的，不得占用耕地；可以利用劣地的，不得占用好地。

禁止占用耕地建窑、建坟或者擅自在耕地上建房、挖砂、采石、采矿、取土等。

禁止占用基本农田发展林果业和挖塘养鱼。"

《农村土地承包法》第 8 条："农村土地承包应当遵守法律、法规，保护土地资源的合理开发和可持续利用。未经依法批准不得将承包地用于非农建设。

国家鼓励农民和农村集体经济组织增加对土地的投入，培肥地力，提高农业生产能力。"

第 60 条："承包方违法将承包地用于非农建设的，由县级以上地方人民政府有关行政主管部门依法予以处罚。

承包方给承包地造成永久性损害的，发包方有权制止，并有权要求承包方赔偿由此造成的损失。"

33 特殊形式承包的土地，怎么办理农村土地承包经营权证？

典型事例

老王所在的村有一块荒滩对外招标，老王经过激烈的竞争，最后获得了这快荒滩的承包经营权。老王找到村委会申请土地承包经营权证，但是村委会说自己带着相关材料去镇上办理即可，于是老王来到镇上，镇上的工作人员叫他填写了土地承包经营权证申请书并且告诉他等通知就行。几天后，乡镇府叫他到镇上领取了土地承包经营权证申请书，并且告诉他让他自己带着申请书去县政府申请土地承包经营权证书。老王来到县里农业局后，补充了材料，最后，顺利地收到了土地承包经营权证。

法 律分析

对于一些不适宜搞家庭承包的土地，我国实行了招标、拍卖等特殊的承包方式。比如对荒山、荒滩等承包，就是不适合家庭承包，而是经常采用招标、拍卖等方式进行承包。事例中，老王通过招标的方式获得了荒滩的承包经营权。那么，采用招标、拍卖等方式进行承包应该办理如下的手续。

首先，承包这块荒地的承包方要向这块荒滩所在的乡镇府来提交农村土地承包经营权申请书。其次，乡镇政府的农村经营管理部门进行初审。这个初审主要是审核承包合同双方的资格、承包的程序、承包的期限、承包地用途等，初审过关后，乡镇政府会在土地承包经营申请书上填写初审意见。再次，由承包人拿着这个带着乡镇政府初审意见的土地承包经营申请书去县级以政府申请。最后，由县级以上政府来颁发土地承包经营权证书。特殊方式承包的土地与家庭承包土地相比，申请土地承包经营权证要自己主动提起，而不是由村委会提出申请，乡镇政府有关部门初审后，也是由承包人自己去县级以上政府去申请。

法 律依据

《农村土地承包经营权证管理办法》第 8 条："实行招标、拍卖、公开协商等方式承包农村土地的，按下列程序办理农村土地承包经营权证：

（一）土地承包合同生效后，承包方填写农村土地承包经营权证登记申请书，报承包土地所在乡（镇）人民政府农村经营管理部门；

（二）乡（镇）人民政府农村经营管理部门对发包方和承包方的资格、发包程序、承包期限、承包地用途等予以初审，并在农村土地承包经营权证登记申请书上签署初审意见；

（三）承包方持乡（镇）人民政府初审通过的农村土地承包经营权登记申请书，向县级以上地方人民政府申请农村土地承包经营权证登记；

（四）县级以上地方人民政府农业行政主管部门对登记申请予以审核。申请材料符合规定的，编制农村土地承包经营权证登记簿，报请同级人民政府颁发农村土地承包经营权证；申请材料不符合规定的，书面通知申请人补正。"

34 在外上学的学生有权利分到承包地吗？

典型事例

老王正在村里承包30亩耕地，老王有3个儿子都在城里，现在老大已经工作并且在城市里落户，老二和老三在城市里读大学，户口迁移到所在大学所在地。有一天，村委会主任找到老王，说老王的承包地中，三个孩子的份额应该收回。老王很是迷惑，将这种情况向读大学法律专业的儿子说了。儿子告诉他说："咱家的承包地是30年的承包期，现在还没有到期之前，村委会是没有权利收回我们家的承包地的。同时，老二和老三的户口都是临时性的迁移，在城市里并没有任何实质性的保障，大哥已经落户城市，所以大哥的承包地份额是可以被收回的。"老王听后很高兴，将这番话告诉了村委会主任。村主任听后觉得有理。于是收回了老大土地，保留了老二和老三的土地。

法律分析

我国农村人多地少，大部分地区经济还比较落后，二、三产业不够发达，大多数农民一时难以实现非农就业，仍然从事农业生产。农民对土地的依赖性较强，在相当长的时期内，土地仍是农民的基本生产资料和最主要的生活保障。因此，必须保持土地承包关系的长期稳定，不得随意收回承包地。依照我国的法律规定，我国的土地承包政策是"30 年不变"，草地、林地等特殊性质的土地承包期还会更长。这条政策的主要目的就是要保持土地承包的稳定性，有利于农民的生产活动。那么，在这 30 年的承包期内，按照我国法律的规定，只有在承包土地的农户全家迁入设区的城市，并且转为了非农户口，农户才应该将承包的土地交回给村委会。如果不交的，村委会有权收回承包的土地或者是草地。随着我国城乡经济结构的调整和城镇化的发展，农村剩余劳动力向城镇的转移会不断增加，对于承包人全家离开农村，迁入小城镇或者设区的市，转为非农户口的，其承包地能否收回的问题，农村土地承包法区别不同的情况分别作了规定，以避免发包人随意收回承包地。

对这一问题，应当考虑到农民迁入小城镇后的社会保障问题。目前，我国的社会保障制度还不够健全和完善，许多小城镇还没有建立健全社会保障体系。在这种情况下，进入小城镇落户的农民一旦失去非农职业或者生活来源，那么他在农村享有的土地承包经营权仍将是其基本的生活保障。根据我国目前小城镇的社会经济发展状况，《农村土地承包法》规定："承包期内，承包方全家迁入小城镇落户的，应当按照承包方的意愿，保留其土地承包经营权或者允许其依法进行土地承包经营权流转。"根据这一规定，承包人全家迁入小城镇落户的，应当按照承包人的意愿，保留其土地承包经营权，承包人可以按照农业生产季节回来耕作；也允许承包人依法将土地承包经营权采取转包、出租、互换、转让或者其他方式进行流转。当然，如果承包人自愿将承包地交回发包人, 也是允许的。

随着城市化的进程, 有一部分农村剩余劳动力向设区的城市转移。目前全家进城落户的人数较少, 以后随着社会经济的发展和城市户口的逐步放开会有所增加。承包人全家迁入设区的市, 转为非农业户口的, 他们已经不属于农村集体经济组织的成员, 不宜再享有在农村作为生产生活基本保障的土地承包经营权。同时, 相对于小城镇而言, 在设区的市, 社会保障制度比较健全, 承包人即使失去了稳定的职业或者收入来源, 一般也可以享受到城市居民最低生活保障等社会保障。如果允许承包人保留其承包地, 就会使其既享有土地承包经营权, 又享有城市社会保障, 有悖社会公平。此外, 在设区的市, 就业机会相对较多, 承包人可以通过多种渠道实现非农就业, 获得生活保障, 其在农村享有的土地承包经营权所具有的基本生活保障的功能大大弱化。而在我国农村, 由于人多地少, 大部分地区存在人地矛盾。为缓解农村人地矛盾, 发展农村经济, 在这种情况下, 承包人应当将其承包的土地交回发包人, 使留在农村的农民有较多的土地耕种。因此,《农村土地承包法》规定:"承包期内, 承包方全家迁入设区的市, 转为非农业户口的, 应当将承包的耕地和草地交回发包方。承包方不交回的, 发包方可以收回承包的耕地和草地。"根据这一规定, 承包人全家迁入设区的市, 转为非农业户口的, 应当主动将承包的耕地和草地交回发包人, 承包人不交回的, 发包人可以收回承包的耕地和草地。交回的耕地和草地, 应当用于调整承包土地或者承包给新增人口。需要说明的是, 承包人应当交回的承包地仅指耕地和草地, 并不包括林地, 因此, 对林地承包经营权不适用耕地和草地有关收回的规定, 即使承包人全家迁入设区的市. 转为非农业户口的, 其承包的林地也不应当收回, 而应当按照承包人的意愿, 保留其林地承包经营权或者允许其依法进行林地承包经营权流转。

事例中的村委会，想要收回老王家的承包地，但是，老王家的老二和老三都是学生，户口并没有转变城市户口，所以，老二和老三的承包地是不能被收回的。老大的承包地是可以被收回的，因为老大在城市里已经定居并且可以享受大城市的社会保障。

法津依据

《农村土地承包法》第26条："承包期内，发包方不得收回承包地。

承包期内，承包方全家迁入小城镇落户的，应当按照承包方的意愿，保留其土地承包经营权或者允许其依法进行土地承包经营权流转。

承包期内，承包方全家迁入设区的市，转为非农业户口的，应当将承包的耕地和草地交回发包方。承包方不交回的，发包方可以收回承包的耕地和草地。

承包期内，承包方交回承包地或者发包方依法收回承包地时，承包方对其在承包地上投入而提高土地生产能力的，有权获得相应的补偿。"

35 村委会能把本村的土地承包给外人吗？

典型事例

老王所在的村里有一座自留山，县城里有一个农林公司想开发这座荒山，于是找到村委会商议，村主任私自与这家农林公司签订了承包合同，将这座山承包给了农林公司。就在农林公司进行开发的时候，村民老王发现自己集体的荒山竟然在自己不知情的情况下被承包出去了，老王很是生气，于是联络其他村民向村主任讨要说法。村主任一意孤行，老王无奈之下将村主任告上法院。最终，法院判决，农林公司与村委会签订的合同是违法的，同时，农林公司的开发也是违法的。

法律分析

本村村民集体所有的土地，承包给外村人经营的，必须首先经村民会议2/3以上成员或2/3以上村民代表同意，否则承包合同无效；若土地管理者违背村民共同意志将集体所有土地承包给外村人，本村半数以上村民向法院提起诉讼的，法院应予以受理。《土地管理法》第10条："农民集体所有的土地依法属于村农民集体所有的，由村集体经济组织或者村民委员会经营、管理；已经分别属于村内两个以上农村集体经济组织的农民集体所有的，由村内各该农村集体经济组织或者村民小组经营、管理；已经属于乡（镇）农民集体所有的，由乡（镇）农村集体经济组织经营、管理。"第15条规定："农民集体所有的土地由本集体经济组织以外的单位或者个人承包经营的，必须经村民会议2/3以上成员或者2/3以上村民代表的同意，并报乡（镇）人民政府批准。"最高人民法院《关于审理农业承包合同纠纷案件若干问题的规定（试行）》第2条指出，发包方所属的半数以上村民，以签订承包合同时违反《中华人民共和国土地管理法》和《中华人民共和国村民委员会组织法》等法律规定的民主议定原则，或者其所签合同内容违背多数村民意志，损害集体和村民利益为由，以发包方为被告，要求确认承包合同的效力提起诉讼的，人民法院应当依法受理，并可通知承包方作为第三人参加诉讼。

在相关的法律中，涉及一个概念——村民会议。那么，究竟村民会议是何种性质的组织呢？《村民委员会组织法》第17条第1

款规定："村民会议由本村 18 周岁以上的村民组成。"表明村民会议是按自治原则组成的，凡年龄达到 18 周岁以上的成年人，均为村民会议的当然成员。或者说村民会议的成员就是本村的成年村民，他们参加村民会议，不需要经过选举或其他认可的程序。另外应该注意的是，依法被剥夺政治权利的本村成年人，尽管不能参加村民会议的表决，但他们仍是本村村民，有权了解村民会议议决的涉及其切身利益的事项，因此，可以列席村民会议。村民会议的形式及有效性表现在《村民委员会组织法》第 17 条第 2 款："召开村民会议应当有本村 18 周岁以上村民的过半数参加，或者有本村 2/3 以上的户的代表参加。"这一规定有下列含义：即村民会议的形式有两种，一种是由本村 18 周岁以上的村民参加的会议，这是村民会议最完整、最有权威的形式；另一种是由农户每户派代表参加的会议，是特殊条件下召开的不完全的村民会议。另外，把户代表会议作为村民会议的一种形式符和我国农村当前的实际，也是法律认可的一种有效形式。

村民会议有效性分为两个方面：一是召开村民会议的有效性，即合法性，18 周岁以上的村民是村民会议的主体，如果与会人数很少，就谈不上村民会议，因此，法律规定，18 周岁以上的村民的过半数参加，或有 2/3 以上的户代表参加，村民会议方有效，这一规定，表明村民会议行使职权、通过的决定能够体现大多数村民的权益，这正是村民自治基本原则的体现；二是村民会议通过决定的有效性，召开村民会议，除宣传或通报某些事项外，最重要的是对事关本村发展的重大问题作出决策，选举村委会、讨论村委会工作方案，集资改善教育设施、架桥修路等，这些决策往往涉及全体村民的切身利益，需要全体村民共同努力完成。因此，必须得到绝大多数村民认同。所以，法律规定"经到会人员过半数通过"的决定方能生效的原则，使决定反映绝大多数村民的意愿，既方便村委会开展自治工作，又为实施决定打下坚实的群众基础。

同时，《村民委员会组织法》第 17 条还规定了关于列席村民会议的问题，即"必要的时候，可以邀请驻在本村的企业、事业单位和群众组织派代表列席村民会议"。这一规定从形式上看是解决村民会议的列席问题，实际上是调整村民、村委会和本区域内各企业事业单位、群众团体的联系、帮助、协商共事的大问题。

《村民委员会组织法》规定，村委会向村民会议负责并报告工作。村民会议每年审议村委会的工作报告，并评议村委会成员的工作。这就清楚地表明了村委会与村民会议的关系。第一，村委会向村民会议负责并报告工作。第二，村民会议对村委会工作报告和组成人员的工作的评议。这种评议是村民会议的职权之一，是村委会向村民会议负责的具体体现，也是村民实现自治权的一种表现。第三，关于村民会议召开的规定。《村民委员会组织法》第 21 条规定："村民会议由村委会召集。有 1/10 以上的村民或者 1/3 以上的村民代表提议，应当召集村民会议。"依法定期召集村民会议是村委会的职权和义务。

正确处理村委会和村民会议的关系，在实际运作中应注意以下三点：首先，根据法定程序，及时召开村民会议，就本村有关重大问题作出决策，以保障村民会议的权威性和崇高的法律地位；其次，村委会及下属的各种办事机构，都必须认真贯彻执行村民会议的决定，并积极主动地向村民会议报告工作，自觉接受村民会议和村民的民主监督；最后，广大村民应积极支持村委会的工作，充分发挥村委会在村民自治各项工作中的组织作用，使村委会能够圆满实施村民会议通过的各种决定，推进村民自治工作不断前进。

村民会议有以下职权。一是决策权。这是村民会议的首要职权，指村民会议对涉及全村村民利益的重大问题拥有直接决定权。《村民委员会组织法》第19条规定："涉及村民利益的下列事项，村委会必须提请村民会议讨论决定，方可办理：①从村集体经济所得收益的使用；②村办学校、村建道路等村公益事业的经费筹集方案；③村集体经济项目的立项、承包方案及村公益事业的建设承包方案；④村民的承包经营方案；⑤宅基地的使用方案；⑥村民会议认为应当由村民会议讨论决定的涉及村民利益的其他事项。"二是立约权。立约权是指村民会议具有依照宪法和法律规定制定村民自治章程和村规民约等方面建章立制的权力。《村民委员会组织法》第20条规定："村民会议可以制定和修改村民自治章程、村规民约。村民自治章程和村规民约是本村中村民自治的重要的规章制度。"三是监督权。监督权是指村民会议有依照法律规定对村委会成员的工作及其行为检查、评议、督促其改进工作的权力。法律规定，村委会向村民会议负责并报告工作。村民会议每年评议村委会及其成员的工作。这一规定表明，村民会议作为村民自治的最高权力组织，对村委会成员的工作有监督权；四是罢免权。罢免权是指村民会议有依照法律规定对村委会成员进行罢免的权力。《村民委员会组织法》第16条规定："本村1/5以上有选举权的村民联名，可以要求罢免村委会成员。村委会应当及时召开村民会议，投票表决罢免要求。罢免村委会成员须经有选举权的村民过半数通过。"

村民会议的议事规则如下。第一，会期制度。村民会议作为村民的一种民主决策形式，必须有定期召开会议的制度，否则村民决策就可能流于形式，难以发挥村民会议的根本作用。《村民委员会组织法》第18条明确规定："村民会议每年审议村委会的工作报告，并评议村委会成员的工作。"另外，《村民委员会组织法》第19条还规定，有涉及村民利益的事项时，应当召集村民会议

"讨论决定,方可办理"。《村民委员会组织法》第16条关于罢免村委会成员的问题规定,"村委会应当及时召开村民会议,投票表决罢免要求",第18条第2款还规定,"有1/10以上的村民提议,应当召集村民会议"。第二,会议的召集和主持。组织法规定,村民会议由村委会召集。根据这一规定,村民会议应当由村委会主持。通常情况下,应由村委会主要负责人——村委会主任或者副主任主持。但对某些涉及到村委会组成人员的自身利益问题的村民会议由谁来主持,法律并无明文规定。比如,审议村委会的工作报告,评议村委会成员工作的村民会议,罢免村委会成员,特别是罢免村委会主任的村民会议,显然由村委会主任来召集、主持村民会议不太合适,还需要进一步研究、实践和探索。从其他地方的经验来看,在这种特殊情况下,关于村民会议主持人的问题有这样几种做法:一是实行临时推选会议主持人的方法,被推选的临时主持人,通常都是在村内有一定威望,有选举权的村民的多数都信得过的人;二是由村党支部书记主持会议;三是在罢免村委会主要干部时,由乡镇党委和政府派出干部主持村民会议。第三,村民会议的法定人数和决议通过的方式。《村民委员会组织法》第22条规定:"召开村民会议,应当有本村18周岁以上村民的过半数参加,或者有本村2/3以上的户的代表参加,村民会议所作决定应当经到会人员的过半数通过。"

通过以上关于村民会议的分析,简言之,村民会议,就是遇到村里比较重要的事情需要讨论和表决的时候,由村委会召集全村人召开的会议,要求必须有本村一半以上的年满18周岁的村民参加,或者是2/3的农户代表参加。依照我国法律的规定,本村的土地承包给本村之外的人的时候,是应该召开村民会议的。只有参加村民会议的2/3以上的人或者是农户代表同意,才能允许本村之外的人来承包本村的承包地,如果人数达不到这个标准你就不能将本村的土地承包给本村之外的人。村民会议同意将本村的土地承包给本村之外的人后，这个决定还必须报送乡镇人民政府批准，如果乡镇政府不批准，也是不能将你土地承包给本村之外的人的。事例中，村主任没有召开村民会议，就私自将土地承包给县里的农林公司，同时，这件事情也没有得到乡政府的批准。所以，村委会与县农林公司的承包合同是无效的，县农林公司也不能进行开发。

法律依据

《农村土地承包法》第48条："发包方将农村土地发包给本集体经济组织以外的单位或者个人承包，应当事先经本集体经济组织成员的村民会议2/3以上成员或者2/3以上村民代表的同意，并报乡（镇）人民政府批准。

由本集体经济组织以外的单位或者个人承包的，应当对承包方的资信情况和经营能力进行审查后，再签订承包合同。"

《土地管理法》第15条："国有土地可以由单位或者个人承包经营，从事种植业、林业、畜牧业、渔业生产。农民集体所有的土地，可以由本集体经济组织以外的单位或者个人承包经营，从事种植业、林业、畜牧业、渔业生产。发包方和承包方应当订立承包合同，约定双方的权利和义务。土地承包经营的期限由承包合同约定。承包经营土地的单位和个人，有保护和按照承包合同约定的用途合理利用土地的义务。

农民集体所有的土地由本集体经济组织以外的单位或者个人承包经营的，必须经村民会议2/3以上成员或者2/3以上村民代表的同意，并报乡（镇）人民政府批准。"

《村民委员会组织法》第21条："村民会议由本村18周岁以上的村民组成。

村民会议由村民委员会召集。有 1/10 以上的村民或者 1/3 以上的村民代表提议,应当召集村民会议。召集村民会议,应当提前十天通知村民。"

第 22 条:"召开村民会议,应当有本村 18 周岁以上村民的过半数,或者本村 2/3 以上的户的代表参加,村民会议所作决定应当经到会人员的过半数通过。法律对召开村民会议及作出决定另有规定的,依照其规定。

召开村民会议,根据需要可以邀请驻本村的企业、事业单位和群众组织派代表列席。"

36 村委会收回离婚方女方的承包地合法吗?

典型事例

2010 年,小凤嫁给了老王,婚后村委会给小凤分了 10 亩承包地。但是婚后不久,小凤发现老王是个不靠谱的人,经常酗酒不算,还酒后打骂小凤,小凤受不了这种生活,决定和老王离婚。2011 年,两人办理了离婚手续,之后小凤就搬回了娘家居住。不久,老王所在的村委会找到小凤说要收回小凤承包的 10 亩地,小凤很是生气,因为自己在娘家没有土地,如果再收回自己的 10 亩承包地,那么生活就是个严重的问题。于是在和村委会协商无果的情况下,小凤将村委会告上法院。法院经过开庭审理,判决村委会返还小凤的 10 亩地,并且赔偿小凤因此收到的损失。

法律分析

农村集体经济组织成员有权依法承包由本集体经济组织发包的农村土地,即承包地。承包者依法享有承包地使用、收益和土地承包经营权流转的权利，有权自主组织生产经营和处置产品；承包地被依法征用、占用的，有权依法获得相应的补偿；法律、行政法规规定的其他权利。同时承包方承担下列义务：维持土地的农业用途，不得用于非农建设；依法保护和合理利用土地，不得给土地造成永久性损害；法律、行政法规规定的其他义务。承包地是农民的保障，国家法律保护离婚者的合法的土地承包权。较长时间以来，一些地方在土地承包中不同程度地存在歧视妇女、侵害妇女权益的问题。有的以村民代表会议或村民大会决议、村委会决定或乡规民约的形式，剥夺妇女的土地承包权和集体经济组织收益分配权；有的以"谈婚论嫁"等理由，对未婚女性不分土地或少分土地；有的地方出嫁妇女特别是离婚丧偶妇女户口被强行迁出，承包的土地被强行收回，其他与土地承包相关的经济利益也受到损害。产生这些问题，原因是多方面的，主要是一些地方受封建思想的影响，歧视妇女、漠视妇女权利；政策规定不尽完善，执法不力；对维护妇女合法权益重视不够、措施不力等。现实中应特别重视妇女群益，特别是离婚妇女的权益的法律保护，否则将严重的影响他们、她们的生活。

离婚后的妇女还能不能继续承包原来的土地，关键是要看两个方面：第一，离婚妇女还生活在原来的村的，村委会不能收回她的承包地，应该有其继续承包；第二，如果离婚的妇女不在原来的村生活的，搬到了新的居住地生活，就要看后来搬到的地方是不是给解决了承包地的问题，如果没有解决，那么，原来村的村委会是不能收回承包地的。事例中，小凤离婚后回到娘家生活，但是娘家的村委会并没有分给小凤承包地，所以，小凤的原来村的承包地仍旧是由小凤承包，老王所在村的村委会无权收回小凤的承包地。

法津依据

《农村土地承包法》第 30 条:"承包期内,妇女结婚,在新居住地未取得承包地的,发包方不得收回其原承包地;妇女离婚或者丧偶,仍在原居住地生活或者不在原居住地生活但在新居住地未取得承包地的,发包方不得收回其原承包地。"

37 全家搬到了外地还能继续承包土地吗?

典型事例

老王在自己村子承包了 10 亩耕地和 10 亩林地,由于老王的管理方法科学合理,几年后老王的林地里的果树获得了大丰收,后来老王搬到了市里开了个水果摊,生意很好,并且在市里落了户。所以,老王原来所在村的村委会要求收回老王的承包地。老王很是担心,因为他的水果摊的生意依靠的就是家里承包的 10 亩果树林地,经过与村委会协商未果。老王将村委会告上法院,最后,法院判决,村委会收回老王的 10 亩耕地,但是保留 10 亩林地给老王一直到承包合同到期。

法津分析

农户搬迁后,村委会能不能收回农民的土地呢? 主要分三种情况区别:第一,农户中有的人搬到了城里,转为了非农户口的,例如农户中有个老人搬到了城里的儿子的家里,并且办理了城市户口,这种情况下仍旧是不能收回老人在家里的承包地的;第二,全家搬到小城镇落户的,如果小城镇是没有设区的县城,这种情况下,应该看农户的意愿,这户农民如果还愿意承包这块土地的话，村委会是无权收回的，并且应该允许农户转包、出租等，如果农户不想承包这块承包地了，可以交回村委会；第三，全家搬到了设区的市，就是带有城市划分的较大的市，并且全部转为了非农户口，这种情况下，农民就应该主动交回承包地，不交的村委会可以强行收回。但是，这样的承包地只包括耕地和草地，林地是不受这条限制的，可以继续承包。事例中，老王全家搬到了城市里，并且全部变成了非农户口。所以，村委会有权收回老王的10亩耕地，但是，林地是可以继续承包的。

现实生活中，承包地从承包方回到发包方有几种情形，除了前面讲的发包方收回以外，还有承包方依法交回承包地以及承包方主体消失，发包方收回承包地的情形。

《农村土地承包法》第29条："承包期内，承包方可以自愿将承包地交回发包方。承包方自愿交回承包地的，应当提前半年以书面形式通知发包方。承包方在承包期内交回承包地的，在承包期内不得再要求承包土地"。依据该规定，承包方可以自愿将承包地交回发包方，只是需要提前半年书面通知发包方，并且一旦交回，在承包期内就不得再要求承包土地。因此，交回承包地与收回承包地有本质的区别。另一种情形是由于承包方成员全部死亡，即死亡绝户，承包合同因为一方主体消灭而终止，发包方有权将土地收回。因为我国法律规定以家庭承包方式承包的土地不能继承，与采用招标、拍卖、公开协商等其他方式签订承包合同取得的承包地的区别。后一种情形在承包期内继承人可以继续承包。

法 律依据

《农村土地承包法》第26条："承包期内，发包方不得收回承包地。

承包期内，承包方全家迁入小城镇落户的，应当按照承包方的意愿，保留其土地承包经营权或者允许其依法进行土地承包经营权流转。

承包期内，承包方全家迁入设区的市，转为非农业户口的，应当将承包的耕地和草地交回发包方。承包方不交回的，发包方可以收回承包的耕地和草地。

承包期内，承包方交回承包地或者发包方依法收回承包地时，承包方对其在承包地上投入而提高土地生产能力的，有权获得相应的补偿。"

第 29 条："承包期内，承包方可以自愿将承包地交回发包方。承包方自愿交回承包地的，应当提前半年以书面形式通知发包方。承包方在承包期内交回承包地的，在承包期内不得再要求承包土地。"

---

38 离婚后，承包地怎么分割？

典型事例

小芳与老王结婚，婚后小芳户口随之转移到老王所在的村，2005 年老王所在的村进行了新一轮的土地承包，老王家一共分到 20 亩耕地，其中小芳也有份。但是，婚后的生活并不幸福，老王在外边酗酒成性。小芳在家里照顾老人孩子还要忙着做农活。最后两人商议之后离婚。离婚之后，小芳搬回了自己的娘家生活，在分割承包地的时候，小芳坚持 20 亩耕地中有自己的一份，但是老王说，"既然你离婚搬出了我们村，所以 20 亩地都是我的"。最后，小芳无奈之下，将老王告上法院，在法院的调解之下，小芳得到了其中的 10 亩耕地。

法律分析

我国承包地的法律政策是以家庭为承包单位,本集体经济组织内的成员人人有份。也就是说,只要你是本村村民,你就有承包本村土地的权利,但是土地不是承包给你个人,而是按照家庭为单位承包。婚姻是家庭组成的一个基础,一旦离婚了就要分家产,那么离婚后的承包地如何分将是一个比较现实的问题。这主要看你在本村有还是没有承包地,如果有承包地的话,离婚后你就能分到你的那份承包地,如果没有承包地,离婚后就不能分到承包地。事例中,小芳在老王所在的村承包土地时候分到了一份承包地,所以当离婚后,小芳是完全可以主张要求分到自己的承包地的。如果,结婚时,小芳在原来的村分到了承包地,在嫁人后没有分到承包地,这样在离婚的时候,小芳只能拥有原来村的承包地,不能再分给她承包地;但是,如果是嫁到新村后,新村分给了承包地并且原来的村收回了承包地,那么离婚时,就可以分到承包地。总之,不论如何,都要使离婚后的妇女拥有自己的承包地,而不是因为离婚失去承包地。

法律依据

《农村土地承包法》第 15 条:"家庭承包的承包方是本集体经济组织的农户。"

第 30 条:"承包期内,妇女结婚,在新居住地未取得承包地的,发包方不得收回其原承包地;妇女离婚或者丧偶,仍在原居住地生活或者不在原居住地生活但在新居住地未取得承包地的,发包方不得收回其原承包地。"

39 村民有权收取转包费吗？ •

典型事例

　　土地承包经营权流转的流转费，包括转包的转包费、出租的租金、转让的转让费，具体数额应当由流转方和受流转方在流转合同中协商确定。双方商定的流转费归流转方所有。任何组织和个人不得擅自截留、扣缴流转费，以保障承包方流转土地承包经营权的收益不被侵犯。土地承包经营权流转的原则之一是平等协商、自愿、有偿。根据这些法律规定，承包方在自愿的前提下，可以与受让方平等地协商有关土地承包经营权流转事宜，如流转的方式、流转的期限、流转土地的用途、双方当事人的权利义务、流转的价款及支付方式等。由于土地承包经营权的流转遵循自愿、有偿的原则，那么，承包方不仅可以与受让方协商确定流转费用，而且还可以根据自己享有的承包经营权明确流转费用归承包方所有。

　　老王将自己承包的耕地转包给同村的老李，两人签订了转包合同，当他们去村委会备案时，村主任告诉他们说，你们的耕地是村里的，转包的话应该交给村里点转包费。老王想不通，耕地是自己承包的，承包时与村委会签订了相关的承包合同，现在转包应该是自己的事情，村委会不应该干预。于是，老王将村委会告上法院，法院最终判决，村委会的做法是违法的，村委会返还了老王的转包费。

法律分析

　　依照我国法律规定，农民承包的耕地可以依法、自愿、有偿的流转，任何组织和个人不得非法干涉。也就是说，农民自己承包的土地是可以按照自己的意愿，按照法律规定来转包。在转包过程中，村委会收取转包费是否是合法的呢？我国法律明确规定，这样的做法是违法的，如果村委会等组织或者任何个人扣缴农民的转包费用的，应该返还给农民。事例中，法院就村委会收取老王的转包费的不合法做法予以纠正正是说明了这一点。

法律依据

《农村土地承包法》第 36 条："土地承包经营权流转的转包费、租金、转让费等，应当由当事人双方协商确定。流转的收益归承包方所有，任何组织和个人不得擅自截留、扣缴。"

第 58 条："任何组织和个人擅自截留、扣缴土地承包经营权流转收益的，应当退还。"

40 转包别人的土地还能再转包吗？

典型事例

老王是老虎村的村民，老王近几年在城里打工，觉得打工挣得钱比在家务农挣的钱多，于是将自己家的 20 亩耕地转包给了老李，老李开始接手 20 亩耕地时很高兴，决定大干一场，不料想，老李的管理方式有问题，承包的耕地不但没有收益反而赔上了不少的钱，于是老李将承包的老王的 20 亩的耕地转包给同村的老张，老张一直耕种这 20 亩耕地。后来，老王觉得该回家养老了，就把城里的工作辞掉，准备回家养老种地，可是回来后才知道自己的承包地已经被老李转包给了老张。当老王向老张要承包地时，老张说自己和老李已经签订了土地转包合同，合约是依合有效地，所以，拒绝将承包地还给老王。老王无奈之下，一纸诉状将老张告上法院，最后，法院判决，老张返还老王的耕地，由此造成的损失，由老李承担。

法津分析

土地承包经营权流转的主体是承包方。土地承包经营权流转必须建立在农户自愿的基础上。在承包期内，农户对承包的土地有自主的使用权、收益权和流转权，有权依法自主决定承包地是否流转和流转的方式。这是农民拥有长期而有保障的土地使用权的具体体现。任何组织和个人不得强迫农户流转土地，也不得阻碍农户依法流转土地。承包方有权自主决定土地承包经营权流转还是不流转，流转给谁，以及是采取转让方式流转还是采取转包、出租的方式流转。

依照我国法律的规定，依法转包的承包地，在进行转包的时候，需要原来的承包农户同意。也就是说，如果我转包了张三的土地，我又想土地转包李四，那么，我应该经过张三的同意。事例中，老李擅自将自己转包的老王的土地转包给老张，没有经过老王的同意的做法是不合法的，所以最后法院会将土地还给老王。同时提醒农民朋友要注意，在进行转包的时候，转包期限不能超过原来的承包期限。

法津依据

《农村土地承包法》第34条："土地承包经营权流转的主体是承包方。承包方有权依法自主决定土地承包经营权是否流转和流转的方式。"

《农村土地承包经营权流转管理办法》第13条："受让方将承包方以转包、出租方式流转的土地实行再流转，应当取得原承包方的同意。"

41 承包地可以用来抵押吗？

典型事例

老王承包了村里的 20 亩地，同时还养殖了 10 头猪。后来，老王看到市场上猪肉的价格上涨，于是就决定扩大养猪的规模，但是资金是个严重的问题，这时候，老王想到了用自己的 20 亩耕地进行抵押贷款，当他拿着自己的土地承包经营权证给农村信用社的工作人员看的时候，工作人员告诉他说这个不能用于抵押。老王很是困惑，觉得自己的耕地为什么不能用于抵押，最后，工作人员告诉他，这是法律的规定。老王很是无奈，只有想其他的办法贷款。

法律分析

这个故事涉及的大背景是我国农村土地承包关系以及流转的规定。

1. 国家依法保护农村土地承包关系长期不变。稳定农村土地承包经营，核心是稳定土地承包关系，这首先涉及是否有一个较长的、合理的承包期限。农村土地承包关系的当事人包括作为发包方的集体经济组织或村民委员会与作为承包方的本集体经济组织成员的农民。土地承包关系能否长期稳定，还涉及能否切实地保护土地承包当事人双方的合法权益，特别是对处于弱者地位的承包方合法权益的保护。法律主要从以下五个方面做出了规定。

（1）赋予了农户长期而稳定的承包经营权。

首先，农村土地承包法对土地的承包规定了一个比较长的期限，即："耕地的承包期为 30 年；草地的承包期为 30 年至 50 年；

林地的承包期限为 30 年至 70 年；特殊林木的林地承包期，经国务院林业行政主管部门批准可以延长。"其次，赋予了农户对承包土地的使用权。农村土地属于集体所有，从土地所有权上分离出来的土地使用权具有物权的性质，是一种法定化的权利。它最大的特点是除依法收回、调整外，任何人不能侵犯。这点与合同关系不同，合同是由双方当事人约定的，根据双方当事人的约定可以随时变更或者解除合同。这就可能给一方当事人留下变更合同或者解除合同的借口，而使农户的承包经营权受到侵犯。本法规定，承包合同一经生效，即取得土地承包经营权，并由县级以上人民政府颁发土地承包经营权证或者林权证等证书，确认土地承包经营权。从而赋予了农户稳定的土地使用权。最后，明确规定承包合同生效后，发包方不得因承办人或者负责人的变动而变更或者解除，也不得因集体经济组织的分立或者合并而变更或者解除。还规定，国家机关及其工作人员不得利用职权干涉农村土地承包或者变更、解除承包合同。

（2）确定了发包方和承包方的权利和义务。

首先，发包方的权利和义务。发包方的权利有：①发包本集体所有的土地和国家所有依法由本集体使用的农村土地；②监督承包方依照承包合同约定的用途合理利用和保护土地；③制止承包方损害承包地和农业资源的行为；④法律、行政法规规定的其他权利。发包方的义务有：①维护承包方的土地承包经营权，不得非法变更、解除承包合同；②尊重承包方的生产经营自主权，不得干涉承包方依法进行正常的生产经营活动；③依照承包合同约定为承包方提供生产、技术、信息等服务；④执行县、乡（镇）土地利用总体规划，组织本集体经济组织内的农业基础设施建设；⑤法律、行政法规规定的其他义务。

其次，承包方的权利义务。承包方的权利有：①依法享有承包地使用、收益和土地承包经营权流转的权利，有权自主组织生产经营和处置产品；②承包地被依法征用、占用的，有权依法获得相应的补偿；③法律、行政法规规定的其他权利。承包方的义务有：①维持土地的农业用途，不得用于非农建设；②依法保护和合理利用土地，不得给土地造成永久性损害；③法律、行政法规规定的其他义务。

（3）加强了对土地承包经营权的保护。

一是，规定了在承包期内，发包方不得收回承包地。依照《土地承包法》规定，只有在承包方全家迁入设区的市转为非农业户口，在不主动交回承包地的情况下，发包方才可以收回承包的耕地和草地。二是，规定了在承包期内，发包方不得调整承包地。只有在因自然灾害严重毁损承包地等特殊情形下，才能对个别农户之间承包的耕地和草地作适当调整。但也不是由村干部说了算，而必须经本集体经济组织成员的村民会议 2/3 以上成员或者 2/3 以上村民代表的同意，并报乡（镇）人民政府和县级人民政府农业等行政主管部门批准才能调整承包的耕地和草地。这些都体现了大稳定的精神。三是，特别强调了对妇女承包经营权的保护。在承包期内，妇女结婚，在新居住地未取得承包地的，发包方不得收回其原承包地；妇女离婚或者丧偶，仍在原居住地生活或者不在原居住地生活但在新居住地未取得承包地的，发包方不得收回其原承包地。四是对承包经营权的继承做出了规范。首先，明确规定，所有应得的承包收益继承人都可以继承。其次，规定林地承包以及通过拍卖、招标等方式取得承包经营权的承包人死亡，其继承人可以在承包期内继续承包。需要说明的是，土地承包是以农户家庭为单位，承包人是指承包土地的农户家庭，而不是指家庭中的某个成员。承包人死亡是指承包户家庭的人均已死亡的情况。承包耕地、草地的家庭中某一个人死亡，其他成员还在，不发生继承问题，仍由其他成员承包；家庭成员均已死亡的，其承包经营权终止，承包经营权不再由该承包户以外的其他亲属继承。由于林地的承包具有收益慢、周期长、风险大等特点，因此，林地承包的承包人死亡，承包户以外的继承人可以在承包期内继续承包。

（4）规定承包方有权依法流转土地承包经营权。

农村土地承包法赋予了承包方享有土地承包经营权流转的权利，并对流转的方式、流转的原则和程序做出规定。承包方有权依照法律规定，自主决定土地承包经营权是否流转以及如何流转。任何组织和个人不得强迫或者阻碍承包方进行土地承包经营权流转。在承包期内，发包方不得以单方面解除合同或者假借少数服从多数强迫承包方放弃或者变更土地承包经营权而进行土地承包经营权流转，不得以划分"口粮田"和"责任田"等为理由收回承包地搞招标承包，不得将承包地收回抵销欠款。

（5）规定了侵犯土地承包经营权的法律责任。

农村土地承包法规定，任何组织和个人侵害承包方的土地承包经营权的，都应当承担法律责任。

发包方侵害承包方生产经营自主权；违反本法规定收回、调整承包地；强迫或者阻碍承包方进行土地承包经营权流转；假借少数服从多数强迫承包方放弃或者变更土地承包经营权而进行土地承包经营权流转；以划分"口粮田"和"责任田"等为由收回承包地搞招标承包；将承包地收回抵顶欠款；剥夺、侵害妇女依法享有的土地承包经营权以及其他侵害土地承包经营权的行为应当承担停止侵害、返还原物、恢复原状、排除妨害、消除危险、赔偿损失等民事责任。

任何组织和个人强迫承包方进行土地承包经营流转的，该流转无效；截留、扣缴土地承包经营权流转收益的，应当退还。

国家机关及其工作人员有利用职权干涉农村土地承包，变更解除承包合同，干涉承包方依法享有的生产经营自主权，或者强迫、阻碍承包方进行土地承包经营权流转等侵害土地承包经营权的行为，给承包方造成损失的，应当承担损害赔偿等责任；情节严重的，由上级机关或者所在单位给予直接责任人员行政处分；构成犯罪的，依法追究刑事责任。

此外，还规定了一些其他侵害承包经营权的法律责任和土地承包经营权发生争议的解决办法。

2. 农村土地承包后，土地的所有权性质不变。

我国农村实行的是以家庭承包为基础、统分结合的双层经营体制，土地等生产资料仍归农民集体所有，农户通过承包取得的是对集体土地的使用权。这种从集体土地所有权中分离出来的土地使用权，使承包户对所承包的土地有了经营自主权，农民真正成为自主经营、自负盈亏的市场主体，自己决定如何生产，决定种植什么以及如何种植等；有了依照法律规定进行土地经营权合理流转的权利，包括转包、出租、互换、转让或者以其他方式流转；有了对承包土地的收益权，除了依法缴纳的税费外，剩余的都由自己支配。承包经营权与土地所有权是不同的，它不具有所有权所具备的占有、使用、收益和处分四种权能中的处分权。比如，承包户转让其土地承包经营权，是在不改变土地所有权的性质前提下进行的。土地承包经营权转让，一是需经发包方同意；二是只能转让给从事农业生产经营的农户；三是原承包方与发包方的土地承包关系终止，受让方须得与发包方签订新的承包合同，重新进行登记和领取承包经营权证书。而集体土地转为国有土地的，需要按土地管理法的规定进行，首先通过国家对土地的征用，将其变更为国家所有的土地，再由国家对土地的使用权进行出让。所以说，第一，农民对土地承包不是私有化，农民对所承包的土

地不具有独立的土地所有权, 所有权仍属于农民集体, 土地所有
权的性质没有改变; 第二, 农民对其所承包的土地不得买卖, 只
能依照本法的规定对其土地承包经营权进行流转。

我国法律规定, 农民承包耕地后, 不能改变所有权的性质,
承包地不能用于买卖。这就是说, 农民对自己承包的耕地只有占
有、使用和利用承包地取得收益的权利, 但是承包土地的农户对
承包地是没有所有权的, 农户的承包地依然归集体所有, 所以,
农民不能买卖承包地。同时, 对于承包地的抵押问题, 我国的物
权法明确规定了集体所有的耕地不能用于抵押。其中的道理就是,
如果承包地用于抵押, 一旦所担保的事情不能实现, 就要涉及到
承包地的买卖, 那样就违背了我国的承包地不能买卖的规定。我
国法律对于可以用于抵押的财产做了专门的规定: 建筑物和其他
土地附着物; 建设用地使用权; 以招标、拍卖、公开协商等方式
取得的荒地等土地承包经营权; 生产设备、原材料、半成品、产
品; 正在建造的建筑物、船舶、航空器; 交通运输工具等。所以,
事例中老王的耕地不能用于抵押是合法的。

法律依据

《物权法》第 184 条第 1、2 项:"下列财产不得抵押:

(一) 土地所有权;

(二) 耕地、宅基地、自留地、自留山等集体所有的土地使用
权, 但法律规定可以抵押的除外;

……"

《农村土地承包法》第 4 条:" 国家依法保护农村土地承包关
系的长期稳定。

农村土地承包后, 土地的所有权性质不变。承包地不得
买卖。"

42 外出务工农民的承包地怎么办？

典型事例

老王所在的村是一个外出打工人数特别多的村。老王一家在上海打工，在村委会组织承包耕地的时候，由于老王没在家，村委会就没有给老王分耕地。后来，老王回到村里发现自己没有承包的耕地，就要求村委会进行分配，可是，村委会主任说："你长年在外打工，已经不能算作是咱们村的村民，所以没有你的承包地很正常。"老王很是气愤，将村委会告上法院，法院最后判决，老王家应该得到一块承包耕地。

法律分析

我国现行的土地承包政策是"按户承包，按人分地"，也可以说成是"人人有份"。只要你是本村集体的成员，你就有权承包本村集体的土地。所有打工的村民常年在外，但是他们仍旧能够分到承包地。同时，我国法律规定，获得承包地的农民，出去打工的，村委会不能收回其承包地。农民自愿转包或者出租的村委会不能干涉。但是。外出打工的农民工不能把承包地撂荒。国家实行农村土地承包经营制度。农村土地承包主要是农村集体经济组织内部的家庭承包，此外，对不宜采取家庭承包方式的荒山、荒沟、荒丘、荒滩等，可以采取招标、拍卖、公开协商等方式承包。

在家庭承包中，农村土地应当依法发包给本集体经济组织成员经营。对不宜采取家庭承包方式的荒山、荒沟、荒丘、荒滩等，采取招标、拍卖、公开协商等方式承包的，本集体组织成员在同等条件下有优先承包权。

　　依照法律规定，农村集体经济组织成员有权依法承包由本集体经济组织发包的农村土地。首先，农村集体经济组织成员有权承包的土地是农村集体所有的土地以及国家所有依法由农民集体使用的农村土地 。按照宪法和土地管理法等法律规定，农村和城市郊区的土地，除由法律规定属于国家所有的以外，属于农民集体所有；宅基地和自留地、自留山，属于农民集体所有。农民集体所有有三种主要形式：一是村农民集体所有；二是村内两个以上农村集体经济组织的农民集体所有；三是乡（镇）农民集体所有。农村土地主要包括耕地、林地、草地、荒山、荒沟、荒丘、荒滩、养殖水面等。对本农村集体经济组织发包的土地，农民有权承包。其次，有权承包本集体经济组织发包的土地的是本集体经济组织的成员。如果土地是由村农民集体经济组织发包的，村集体经济组织成员有权承包。如果土地是由村内两个以上农村集体经济组织各自发包的，各该集体经济组织的成员有权承包。由于乡（镇）农民集体所有的农业用地大多面积较小，因此一般不向本集体经济组织所有成员发包。如江西某乡集体所有的耕地只有 48 亩，大部分是实验田，主要用于推广新品种，进行农业科研。最后，本农村集体经济组织成员是指本集体经济组织内的所有成员。比如家庭承包中的承包方是农村集体经济组织的农户。发包方将土地发包给农户经营时，应当按照每户所有成员的人数来确定承包土地的份额，也就是通常所说的"按户承包，按人分地"，也叫"人人有份"。由于每个集体经济组织成员在本集体经济组织中均享有成员权，也由于农村土地是农民的基本生产资料，也是他们的基本生活保障，因此，每个农村集体经济组织的成员都享有土地承包权。如村集体中的每个村民，只要一出生，不论年长年幼、是男是女，都有承包权。这一点与村民会议成员权不同，按照村委会组织法的规定，村民会议由本村 18 周岁以上的村民组成；年满 18 周岁的村民都有选举权和被选举权。而家庭土地承包权，则没有年龄限制。

同时"任何组织和个人不得剥夺和非法限制农村集体经济组织成员承包土地的权利。"因此任何组织和个人不得以民族、种族、性别、职业、家庭出身、宗教信仰、教育程度、财产状况、居住期限等理由，剥夺和非法限制农村集体经济组织成员的承包权利。任何组织和个人剥夺和非法限制农村集体经济组织成员的承包权利的，应当依照本法和其他法律的规定，承担法律责任。

法 律依据

《农村土地承包法》第 5 条："农村集体经济组织成员有权依法承包由本集体经济组织发包的农村土地。

任何组织和个人不得剥夺和非法限制农村集体经济组织成员承包土地的权利。"

43 承包的四荒地可以用来抵押吗？

典 型事例

老王通过公开协商的方式承包了村里的一处荒山，并且与村里签订了土地承包合同，进行了登记，领取了土地承包经营权证。为了更好地开发这座荒山，老王决定购买一些机械作业，但是手头上的资金不够，于是，老王就想到用这座荒山作抵押进行贷款。到了农业银行银行顺利地将贷款贷给了老王。正当老王想去买机械时，村委会主任找到老王说："村里的荒山进行抵押需要经过村里的同意，你没有经过村委会的同意就进行抵押的行为是无效的"。老王很是困惑，最后，村委会告到了法院。法院判决，村委会没有权利收回老王的承包荒地，老王用荒地进行抵押的行为是合法的。

法津分析

不是所有的土地承包经营权都可以用来进行抵押。我国法律明确规定，家庭承包的土地是不能用来进行抵押的，但是依法通过招标、拍卖、公开协商的方式承包的荒地等农村土地是可以用来抵押、入股或者转让的。我国的农村土地承包制度包括"农村集体经济组织内部的家庭承包方式"和"其他方式的承包"。所谓"其他方式的承包"，是指对不宜采取家庭承包方式的荒山、荒沟、荒丘、荒滩等农村土地，通过招标、拍卖、公开协商等方式承包的情况。"其他方式的承包"与"家庭承包"之间有诸多区别，其中对承包经营权流转的规定方面也有显著的不同。主要有以下几个方面。

第一，流转的客体有一定区别。在家庭承包中，流转的客体一般为耕地、林地和草地的承包经营权。而其他方式的承包，流转的客体一般为"四荒"等土地的承包经营权。

第二，流转的方式有一定区别。家庭承包的流转方式有转包、出租、互换、转让等方式。而其他方式的承包的流转方式有转让、出租、入股、抵押等方式。比如以家庭承包方式获得的土地承包经营权不得抵押，依照我国《担保法》第34条、第37条的规定，耕地、自留地、自留山等集体所有的土地使用权不得抵押，而依法承包的荒山、荒沟、荒丘、荒滩等荒地的土地使用权可以抵押。

第三，流转的前提有一定区别。家庭承包取得了土地承包经营权后，由于已由人民政府发证并登记造册，土地承包经营权得到了确认，因此即已具备流转的权利基础。以招标、拍卖、公开协商等方式取得的土地承包经营权，有的与发包方是债权关系，如承包鱼塘，承包期 3 年，其间是一种合同关系。而承包"四荒"，由于期限较长，有的达到 50 年，双方需要建立一种物权关系，因此必须在依法登记，取得土地承包经营权证或者林权证等证书的前提下才能流转。

第四，流转的条件有一定区别。主要体现在：①家庭承包中的转包、出租和互换，双方当事人在签订合同后，要报发包方备案；采取转让的流转方式的，转让方应当有稳定的非农职业或者稳定的收入来源，并要经过发包方同意；而其他方式的承包中的流转则无此要求，主要原因是其他方式的承包是通过市场化的行为并支付一定的对价获得的，而家庭承包是通过行使成员权获得的，在我们国家具有社会保障和社会福利性质。②家庭承包中接受流转的一方有的须为本集体经济组织的成员，如互换。或者从事农业生产经营的农户，如转让，而在其他方式的承包中则对受让方没有特别限制，接受流转的一方可能是本集体经济组织以外的个人、农业公司或其他组织。

家庭承包与其他方式的承包，这两种不同的承包方式之所以在条件上有所不同，其主要原因是，中国目前还是一个农业大国，农村人口在九亿左右。农民的土地承包经营权是其赖以生活的基础。自十一届三中全会以来，我国首先在农村实行家庭联产承包责任制的改革，主要就是为了解决农民的吃饭问题。通过二十多年的改革实践，我国的农村面貌发生深刻的变化，农村经济有了巨大发展，农民生活水平显著提高。这与坚持长期稳定党在农村的基本政策是分不开的，特别是稳定土地承包关系，是稳定基本经营制度的核心。稳定土地承包关系才能稳定农业，才能使农民从长计议，安心种地，舍得投入，保持农业持续稳定增长。稳定土地承包关系才能稳定农村。农民有了稳定的土地承包经营权，就有了基本的社会保障，他才敢于流动就业，做到进退有路。不至于发生某些国家在发展城市中出现大量贫民的现象，也不至于发生像城市职工因下岗或失业而带来的困难和问题。稳定土地承包关系要处理好与土地承包经营权流转的关系。因此，中央强调只有在第二、三产业发达、大多数农民实现非农就业并有稳定的工作岗位和收入来源的地方，才有可能出现较大范围的土地流转，发展适度规模经营。总体上看，我国绝大多数农村目前不具备这个条件。因此，土地承包经营权流转一定要坚持条件，不能刮风，不能下指标，不能强制推行，也不能用收走农民承包地的办法搞劳动力转移。如果不对农村土地家庭承包的承包经营权的流转进行一定的限制，如允许农民抵押自己的土地或将土地入股于公司，如遇偿债不成，将使这些农民失去土地，也就意味着失去了生活的保障。因此有必要对以家庭方式承包的土地的流转加以一定的限制。

而对以其他方式承包的土地，则不必对其流转加以过多的限制。承包人承包"四荒"地的主要用途是种树种草，防治水土流失。众所周知，我国是一个少林国家，人均占有森林面积和蓄积量分别只有世界人均水平的15%和12%，森林覆盖率只有世界平均水平的一半多（世界平均水平为25%）。虽然经过二十多年的植树造林运动，我国的林业建设取得了伟大的成就，但与世界发达国家甚至一些发展中国家相比仍有相当大的差距。因此近两年我国政府提出并实施了退耕还林、退耕还草的计划。植树造林的主要对象就是"四荒"地，为鼓励农民或其他承包者植树造林的积极性，我国《森林法》第3条规定："个人可以拥有林木的所有权和对所承包林地的使用权，并由县级以上人民政府登记造册，发放林权证。"承认林权的存在，而让林权作为生产要素进入市场流转就成为大势所趋。因此我国《森林法》第15条规定，在不得将林地改为非林地的前提下，对下列林木、林地的使用权可以依法转让，也可以依法作价入股或者作为合资、合作造林、经营林木的出资、合作条件：一是用材林、经济林、薪炭林；二是用材林、经济林、薪炭林的林地使用权；三是用材林、经济林、薪炭林的采伐迹地、火烧迹地的林地使用权；四是国务院规定的其他林木和其他林地使用权。允许依法获得林权证的承包方对林权进行流转，极大地调动了他们的生产积极性，有利于加快林业规模经营、集约经营的发展。因此，我国农村土地承包法也顺应这一历史潮流，对通过招标、拍卖等方式承包"四荒"地进行造林的，在符合森林法等法律规定的情况下，承包方有权进行流转。

故事中的老王的荒山是通过公开协商的方式取得的，所以是可以用来抵押的，村委会的说法是没有依据的。同时，农民朋友们也应该注意可以用于抵押的土地仅仅限于通过招标、拍卖、公开协商等方式承包的土地。

法律依据

《物权法》第133条："通过招标、拍卖、公开协商等方式承包荒地等农村土地，依照农村土地承包法等法律和国务院的有关规定，其土地承包经营权可以转让、入股、抵押或者以其他方式流转。"

《农村土地承包法》第49条："通过招标、拍卖、公开协商等方式承包农村土地，经依法登记取得土地承包经营权证或者林权证等证书的，其土地承包经营权可以依法采取转让、出租、入股、抵押或者其他方式流转。"

《担保法》第34条第1款第5项："下列财产可以抵押：
……

（五）抵押人依法承包并经发包方同意抵押的荒山、荒沟、荒丘、荒滩等荒地的土地使用权；
……"

44 承包四荒地后新开垦的土地归谁？

典型事例

老王通过招标的方式取得了村里的一座荒山，在经营荒山的过程中，老王在荒山上开发了 10 亩的耕地。村委会主任找到老王说："现在村里的耕地紧张，你的 10 亩地的耕地需要交回村里进行重新分配，村里会免去你的 10 亩地的承包费。"但是老王想不通，觉得自己在承包的荒山上进行开发的耕地自己应该有处分权，况且合同承包还没有到期，不应该被收回。于是，老王无奈之下将村委会告上法院，法院判决，这 10 亩耕地继续由老王来耕种，等老王的荒山承包合同到期后，由村委会进行重新分配。

法律分析

依照我国法律，我国对于"四荒"的开发原则是"谁治理，谁管护，谁受益"的原则。所以，承包荒山就有权利得到荒山的收益。我国的政策规定，在经过治理开发的"四荒"地上种植的树木、果木、牧草及其产品等归治理者所有，新增土地的所有权归集体所有，在协议的规定期限内，治理者拥有使用权，享受国家的有关优惠政策。具体地说，就是如果你承包了四荒地，你开发出来的东西就应该归你，你新开垦出来的土地在承包期内也归你使用，但是新开垦出来的土地的所有权归集体所有。村集体在你的承包到期后，才可以对新开垦的土地进行重新分配。所以，法院会判决 10 亩耕地归老王使用，村委会在承包期内不能收回 10 亩耕地。

法律依据

《国务院办公厅关于治理开发农村"四荒"资源进一步加强水土保持工作的通知》："①实行谁治理、谁管护、谁受益的政策。在经过治理开发的"四荒"地上种植的林果木、牧草及其产品等归治理者所有,新增土地的所有权归集体,在协议规定期限内,治理者拥有使用权,享受国家有关优惠政策。"

45 "四荒"承包地能够继承吗?

典型事例

老王承包了村里的 30 亩荒山,与村里签订了土地承包合同,领取了土地承包经营权的证书。老王在山上种植了 300 棵杨树,后来,老王去世,临终前嘱咐儿子小王将自己承包的杨树照顾好。但是此时,村委会主任找到小王说:"你的父亲已经去世,村里要收回承包地,300 棵杨树应该上交村里,并且开始砍树。"小王很是着急,于是在律师的指导下,将村委会告上法院。法院判决,村委会的做法是违法的。

法律分析

事例中,老王承包的荒山是属于"四荒"中的一种,并且进行了土地登记,取得了土地承包经营权证,是合法的承包。所以,在老王死后,小王完全是可以依照法律的规定,继续承包老王的承包地并且获得杨树的收益,村委会强行砍树的做法是违法的。在这里,需要区分的是,家庭承包的土地和招标、拍卖、公开协商等方式取得的土地的继承上的区别。土地承包经营权的继承问题是关系到我国广大农村长期繁荣稳定的关键问题之一，是赋予农民长期而有保障的土地承包经营权必须要解决的问题。因此，1985年制定的我国继承法根据农村经济体制改革的需要，在第4条规定："个人承包应得的个人收益，依照本法规定继承。个人承包，依照法律允许由继承人继续承包的，按照承包合同办理"。《农村土地承包法》第31条规定："承包人应得的承包收益，依照继承法的规定继承。林地承包的承包人死亡，其继承人可以在承包期内继续承包。"第50条规定，土地承包经营权可以依照继承法的规定继承；在承包期内，继承人可以继续承包。

关于家庭承包中的继承问题法律已作了规定，从《农村土地承包法》第31条和第50条的规定来看，两种方式的承包引发的继承问题有一定的差别，主要有两点区别。第一，家庭承包的方式，土地承包经营权是农村集体经济组织内部人人有份的，是农村集体经济组织成员的一项权利。而成为非农业人口的继承人能否继承土地承包经营权？应当说成为非农业人口的继承人已经不是农村集体经济组织的成员了，也没有对土地承包经营权的继承权。而在其他方式的承包中，则不存在这个问题。例如一个农户对本村荒山的承包，这个承包并不是在本村内人人有份的，而是通过招标、拍卖或者公开协商等方式取得的土地承包经营权，这种承包是有偿取得，期限较长，投入很大，应当允许继承。不但允许继承，而且允许成为非农业人口的继承人继承。第二，在家庭承包的方式中，由于是以户为生产经营单位，因此部分家庭成员死亡的，不发生土地承包经营权本身的继承问题，而是由这承包户内的其他成员继续承包。如果在承包人死亡，承包方的家庭消亡后，土地承包经营权由发包方收回，其他继承人只能继承土地承包的收益，并要求发包方对被继承人在土地上的投入作一定的补偿。而在其他方式的承包中则有所不同。如承包本村荒山的承包人，在其死后，荒山的经营权可以由其继承人继续承包，如果所有的继承人都不愿意承包经营，还可以将经营权转让，把转让费作为遗产处理。第三，在家庭承包方式中，林地承包的承包人死亡，其继承人可以在承包期内继续承包。第50条规定的其他方式的承包的继承与林地承包是相似的，即以其他方式承包的承包人死亡后，其所承包的"四荒"的经营权在承包期内由继承人继续承包。

也就是说，在我国，不是所有的承包地都能继承的，但是通过招标、拍卖、公开协商方式取得的土地是可以继承的。具体地说，我国家庭承包的土地因为实行的是"30年不变的政策"，是不能继承的，所以，不存在继承的情况。但是通过招标、拍卖、公开协商等方式取得的土地承包经营权，在承包人死亡后，他的继承人是能够在承包期内继续承包这块土地的，并且能够继承这块土地上所产生的收益。

法律依据

《农村土地承包法》第31条："承包人应得的承包收益，依照继承法的规定继承。

林地承包的承包人死亡，其继承人可以在承包期内继续承包。"

第50条："土地承包经营权通过招标、拍卖、公开协商等方式取得的，该承包人死亡，其应得的承包收益，依照继承法的规定继承；在承包期内，其继承人可以继续承包。"

46 | 五保户还能承包土地吗？

典型事例

老王无儿无女，在农村里承包了 10 亩耕地，由于自己身体越来越差，于是决定将承包的 10 亩耕地交给自己的侄子耕种。又过了几年，老王自己申请到了五保户，得到了政府的经济补贴，住进了村委会提供的乡镇上的敬老院。这时候，村委会找到老王的侄子，要求收回老王的 10 亩耕地，但是老王的侄子想不通，认为是自己叔叔老王的耕地，自己拥有使用权，拒绝交地。于是，村委会将老王的侄子告上法院，法院最终判决，村委会将老王的 10 亩耕地收回。

法津分析

五保户能不能承包土地，主要看以下的两种情况：第一，对于分散供养的五保户可以继续承包土地，五保户可以将其土地合法转包的收益归自己所有；第二，对于集中供养的五保户，村集体可以收回承包地，由村委会管理，但是注意这个管理的收益也应该用于五保户的供给上。当然，有的地方政策规定，集中供养的五保户的承包地也可以继续承包。集中供养就是将五保户安排在当地的供养服务机构来照顾，分散供养就是五保户还生活在原来的住处，但是由村委会来提供照料。老王在住进敬老院之后，属于五保户的集中供养，所以，村委会可以收回老王的承包地，老王侄子拒绝交回承包地的做法是违法的。

法津依据

《农村五保供养工作条例》第11条："农村五保供养资金，在地方人民政府财政预算中安排。有农村集体经营等收入的地方，可以从农村集体经营等收入中安排资金，用于补助和改善农村五保供养对象的生活。农村五保供养对象将承包土地交由他人代耕的，其收益归该农村五保供养对象所有。具体办法由省、自治区、直辖市人民政府规定。

中央财政对财政困难地区的农村五保供养，在资金上给予适当补助。"

第12条："农村五保供养对象可以在当地的农村五保供养服务机构集中供养，也可以在家分散供养。农村五保供养对象可以自行选择供养形式。"

第13条："集中供养的农村五保供养对象，由农村五保供养服务机构提供供养服务；分散供养的农村五保供养对象，可以由村民委员会提供照料，也可以由农村五保供养服务机构提供有关供养服务。"

47 外村人能否继承本村的承包林地？

典型事例

老王有一儿一女，老王在本村承包了20亩耕地和10亩林地，承包期分别是30年和50年。后来老王的女儿嫁到了邻村并且在邻村分到了承包地。2年后，老王一家遭遇车祸全家三口死亡，得知消息的女儿回到家处理后事。此时，老王所在村的村委会找到老王的女儿说是要收回老王的承包的20亩耕地和10亩林地，老王的女儿则坚持主张自己拥有耕地和林地的继承权。于是双方争执不下，争议诉至法院，最后，法院判决，村委会收回老王承包的20亩耕地，但是老王的女儿继续承包老王的林地直到承包期限结束。

法律分析

关于土地承包经营权能否继承的问题，首先应当明确的是，集体经济组织内部人人有份的家庭承包是以户为生产经营单位进行承包的，对此法律明确规定："家庭承包的承包方是本集体经济组织的农户。"家庭中部分成员死亡的，由于作为承包方的户还存在，因此不发生继承的问题，由家庭中的其他成员继续承包。例如，在一个三口之家中，妻子因病去世，妻子生前分到的承包地应当由丈夫和孩子继续承包，妻子的父母不能要求继承，因为土地是以户为单位承包的，只是在分配土地时按照人口计算土地的数量。只有在因承包人死亡，承包经营的家庭消亡的情况下，才存在是否允许继承的问题。

关于因承包人死亡，承包经营的家庭消亡的，其土地承包经营权能否继承的问题，有一种意见认为，土地承包经营权作为承包方的一种财产权利，应当允许继承，这样做，既符合法理，也有利于稳定承包关系。这种意见有一定的道理，但对继承的问题应当考虑我国土地承包的性质和实际情况。农村集体经济组织内部人人有份的家庭承包是农村集体经济组织成员的一项权利，具有成员权的性质和保障农民基本生活的功能，如果承包时承包方的继承人不是该集体经济组织的成员，在其他农村集体经济组织或者城镇落户，例如承包方的子女大学毕业后在城市就业，也就没有对土地承包经营权的继承权。如果承包方的继承人是本集体经济组织的成员，例如承包方的子女结婚后在本村单独立户，如果其已经依法承包了一份土地，再允许继承，将因继承而获得两份承包地，在我国目前农村人多地少，人地矛盾比较突出的情况下，有失公平。因此，从我国的实际情况出发，为缓解人地矛盾，体现社会公平，对因承包人死亡，承包经营的家庭消亡的，其承包地不允许继承，应当由集体经济组织收回，并严格用于解决人地矛盾。

承包地虽然不允许继承，但承包人应得的承包收益，如已收获的粮食、未收割的农作物等，作为承包人的个人财产，则应当依照继承法的规定继承。继承开始后，按照法定继承办理；有遗嘱的，按照遗嘱继承或者遗赠办理；有遗赠扶养协议的，按照协议办理。法定继承的，继承开始后，由第一顺序继承人继承，包括配偶、子女、父母，第二顺序继承人不继承。没有第一顺序继承人继承的，由第二顺序继承人继承，包括兄弟姐妹、祖父母、外祖父母。继承人可以是本集体经济组织的成员，也可以不是本集体经济组织的成员。承包人应得的承包收益，自承包人死亡时开始继承，而不必等到承包经营的家庭消亡时才开始继承。

前面所讲继承的问题，主要指耕地和草地，关于林地能否继承的问题，《农村土地承包法》第 31 条第 2 款规定："林地承包的承包人死亡，其继承人可以在承包期内继续承包。"允许林地继承，与规定林地不得收回和调整的原因一致，主要是考虑到林地的承包经营与耕地、草地的承包经营相比有其特殊性。由于林业生产经营周期和承包期长，投资大，收益慢，风险大，也由于林木所有权的继承与林地不能分离，如果不允许林地继承，不利于调动承包人的积极性，还可能出现滥砍滥伐，破坏生态环境的情况。而且，承包人可能对林地做了长年、大量的投入，在刚刚开始获得收益时去世，不允许其继承人继承，也是不合理的。因此，林地承包人死亡的，其继承人可以在承包期内继续承包。林地的继承也应当按照继承法的规定继承。无论继承人另有林地承包经营权,或是在另一农村集体经济组织落户,还是取得城市户口、在城市就业,在承包期内,都有权继承。应当注意的是,同耕地和草地一样,集体经济组织内部人人有份的林地承包也是以户为生产经营单位的,家庭中部分成员死亡的,也不发生继承的问题,应由家庭中的其他成员继续承包。当然,此时被继承人应得的承包收益,应当依照继承法的规定继承。

总之,依照我国法律的规定,耕地的承包权和草地的承包权都是不能继承的,但是,林地是个例外,林地承包人死亡的,他的继承人是可以在承包期限之内继续承包他的林地的。具体地说就是,家庭承包的林地,如果家庭成员中的某个人去世了,并不发生继承关系,因为家庭承包是以家庭为单位的,只要还有家庭成员在就由他们来继续承包,而只有发生了家庭成员全部死亡时,才能产生继承关系。实践中,一般就是家庭成员中最后一个死亡的人的继承人在承包期内可以继承林地的承包经营权,这个继承人可以是本村的人,也可以是本村之外的人。事例中,老王一家全部死亡,所以,耕地就是不会发生继承的,理应由村委会收回;但是,对于还没有到承包期限的林地来说,老王的女儿是有继承权的,所以,老王的女儿可以继承老王留下的 10 亩林地的承包经营权。

法律依据

《农村土地承包法》第 31 条:"承包人应得的承包收益,依照继承法的规定继承。

林地承包的承包人死亡,其继承人可以在承包期内继续承包。"

《继承法》第 4 条:"个人承包应得的个人收益,依照本法规定继承。个人承包,依照法律允许由继承人继续承包的,按照承包合同办理。"

48 哪些情况下需要办理农村土地承包经营权证的变更?

典型事例

老王家里承包了村里的 20 亩耕地,有一天,老王想将自己的 20 亩地转让给老李,自己去城里儿子家。老王和老李签订了土地转让合同,并且更改了土地承包经营权证。

法津分析

土地承包经营权转让,指土地承包经营权人将其拥有的未到期的土地承包经营权以一定的方式和条件移转给他人的行为。土地承包经营权的受让对象可以是本集体经济组织的成员,也可以是本集体经济组织以外的农户。

土地承包经营权转让不同于转包、出租和互换。转包和出租,转包方和出租方与原发包方的承包关系没有发生变化,转包方与出租方也不失去土地承包经营权。互换土地承包经营权,承包方与发包方的关系虽有变化,但互换土地承包经营权的双方只不过是对土地承包经营权进行了置换,并未丧失该权利。而转让土地承包经营权,承包方与发包方的土地承包关系即行终止,转让方也不再享有土地承包经营权。

如何看待土地承包经营权转让,应否允许,怎样进行?在就农村土地承包法草案征求意见的过程中,有的单位提出,农村土地承包经营权是农民基本的生产资料和生活保障,如果法律允许自由转让,就有可能使部分农民失去土地,造成农村土地过分集中的局面,增加农村的不稳定因素并引发一系列严重后果;对农村土地承包经营权的转让应有限制性规定。有的地方提出，从现阶段我国农村实际情况出发，工商企业进入农村搞开发，一般应采取公司带农户的产业化经营方式，不宜提倡工商企业大规模"圈地"搞现代农业。

中央有关文件在谈到农村土地承包经营权流转问题时指出，土地流转是农村经济发展、农村劳动力转移的必然结果。只有第二、三产业发达、大多数农民实现非农就业并有稳定的工作岗位和收入来源的地方，才有可能出现较大范围的流转，发展适度规模经营。总体上看，我国绝大多数农村目前尚不具备这个条件。因此，土地使用权流转一定要坚持条件，不能刮风，不能下指标，不能强制推行，也不能用收走农民承包地的办法搞劳动力转移。农村土地流转应当主要在农户间进行。随着农村第二、三产业的发展和城镇化步伐的加快，离开土地的农民会越来越多，他们腾出来的土地应当主要由其他从事农业生产的农户来经营，以扩大农户的经营规模，增加务农收入，缓解人地矛盾，这也有利于保护耕地。企业和城镇居民随意到农村租赁和经营农户的承包地，隐患很多，甚至可能造成土地兼并，使农民成为新的雇农或沦为无业游民，危及整个社会稳定。为稳定农业，稳定农村，不提倡工商企业长时间、大面积租赁和经营农户承包地，地方也不要动员和组织城镇居民到农村租赁农户承包地。

根据上述精神，充分考虑各方面对土地转让问题的意见，全国人大法律委员会关于《中华人民共和国农村土地承包法（草案）》修改情况的汇报中认为，我国绝大多数农村的农民在较长时期内还得依靠承包经营的土地为生，不能因随意转让而丧失赖以生存的土地。因此，通过后的农村土地承包法对草案的规定进行了修改，增加规定了土地承包经营权转让的限制条件。按照第41条的规定，转让农村土地承包经营权应当符合以下条件：

1. 转让方有稳定的非农职业或者有稳定的收入来源。土地承包经营权是农民最基本的生活保障，只有农民可以完全不依靠土地生活的时候，才应允许其转让。目前，农民进城发展的情况比较复杂，有的是农闲时进城打工，农忙时回家种地；有的是带着美好的希望进城淘金，但过后发现世事艰难，想打退堂鼓；有的是有相对稳定的工作，已在城市生活了几年，甚至更长时间，但他们通常都是合同工，合同终止即失去生活来源；有的是在城市开公司、办企业，做老板，已在城镇置业安家；有的是在城市上学；有的是通过招聘等形式进入国家机关、国有企业、事业单位和社会团体工作。这些人中的相当一部分，当失去工作，失去生活来源和生活保障时，就可能回到他们土生土长的故乡，依靠他们承包的土地维持基本的生活。法律应当考虑他们的现实状况，为他们的生存负责。因此该条要求，有稳定的非农职业或者有稳定的收入来源的才可以转让土地，不具备这一条件转让土地不应准许。至于什么叫"稳定的非农职业或者有稳定的收入来源"，实践中可根据具体情况确定，比如已转为非农业户口，成为国家机关工作人员、大学教授；有城市的社会保障体系为他们支付救济金、生活保障金；进城投靠子女颐养天年，不再回乡种田等。该条有一点是明确的，所谓稳定的职业不能是农业职业。

2. 经发包方同意。规定转让土地承包经营权要经发包方同意，而不是像转包、出租、互换土地承包经营权只需发包方备案。这是因为：一方面，转让土地承包经营权，使得原有的承包关系终止，发包方与受让方要确定新的承包关系，特别是将土地承包经营权向本集体组织之外的农户转让，发包方与承包方的关系也不再是集体经济组织与其成员的内部关系，受让方是否符合法律规定的主体资格，是否具有承包经营的能力，直接关系承包义务的履行；另一方面，转让土地承包经营权，将使承包人失去土地，也即失去在农村的生活保障，如果由承包方随意转让土地，就可能出现某些人为了欠债还钱或者游手好闲将转让土地承包经营权的价款花光吃净后，又要集体经济组织为其负担生活保障或又向集体经济组织申请承包地的情况。因此，转让土地承包经营权，经发包方同意是必要的。符合法律规定的条件转让土地的，发包方应当予以准许。

3. 受让方应当是从事农业生产经营的农户。该条件对受让方有两方面的要求，其一，受让方必须从事农业生产，从事工业、商业、服务业生产经营的人不得成为土地承包经营权的受让方；其二，受让方是农户，投资开发农业的工商企业、城镇居民、外商不能成为受让方。要求受让人是从事农业生产经营的农户，可以保证土地的农业生产用途，满足其他农户对土地这一生产资料的需求。

承包人转让的土地承包经营权，可以是全部也可以是部分，对于已经转让的，不论是全部转让还是部分转让，受让方都应与发包人确立新的承包关系。对于未转让的部分，原承包人与发包人应重新确立承包关系，变更原有的承包合同。

当前，农村土地使用权转让，多数反映了生产要素的合理流动和优化配置，总体是健康的。但一些乡村还存在着违背农民意愿，强迫转让，侵犯农民承包经营权，损害农民利益的问题。比如有的把土地转让作为增加乡村收入的手段，与民争利；有的借土地转让之名，随意改变土地的农业用途。这些问题不加以纠正，将引发矛盾，甚至动摇农村基本经济制度，为此，在土地承包经营权转让过程中，不仅要遵守法律专门规定的转让条件，还要根据法律法规规定的流转原则注意以下几个问题：第一，土地承包经营权转让后，不得改变土地所有权性质和土地的农业用途；第二，转让的土地承包经营权的期限不得超过承包期的剩余期限；

第三，受让方须有农业经营能力；第四，同等条件下本集体经济组织的成员享有优先权；第五，发包方不得强迫承包方转让土地。

那么，转让承包地时什么情况下需要进行土地承包经营权证的更改呢？依照我国法律的规定，一般以转让方式进行土地流转的，在经过村委会同意后，双方自愿的签订土地流转合同，需要到县级以上政府的农业主管部门办理变更手续。为什么转包、出租等情况下就只需要到村委会备案，而转让就需要到县级以上政府的农业主管部门办理土地经营权证的变更呢？这主要是因为转让和转包、出租的性质不同。转包、出租的农户依旧享有土地的承包经营权，只不过是将土地让给别人来种，但是转让的农户，在签订转让合同后，将不再拥有土地的承包经营权，而接受转让的对方将拥有土地的承包经营权，所以，这样的情况下就要求进行土地承包经营权证的变更。事例中，老王将自己的承包地转让给老李，老王在承包期间内就没有了土地承包经营权，而邻居老李得到了这块土地的承包经营权，所以，老王和老李就应该进行土地承包经营权证的变更。

依照我国法律规定，除了转包之外，还有没有其他形式的流转需要进行土地承包经营权证的变更呢？本村村民之间是可以自愿的互换土地的，这时候如果要求更改土地承包经营权证的也是可以更改的。因为，承包地互换后，你就对原来的那块地失去了承包经营权，而拥有了换回来的这块地的承包经营权。但是，在互换的情况下，变不变更土地承包经营权证由当事人自愿决定，法律不做强制性的规定。

法津依据

《农村土地承包法》第41条："承包方有稳定的非农职业或者有稳定的收入来源的，经发包方同意，可以将全部或者部分土地承包经营权转让给其他从事农业生产经营的农户，由该农户同发包方确立新的承包关系，原来承包方与发包方在该土地上的承包关系即行终止。"

《农村土地承包经营权证管理办法》第14条："承包期内，承包方采取转包、出租、入股方式流转土地承包经营权的，不须办理农村土地承包经营权证变更。

采取转让、互换方式流转土地承包经营权的，当事人可以要求办理农村土地承包经营权证变更登记。

因转让、互换以外的其他方式导致农村土地承包经营权分立、合并的，应当办理农村土地承包经营权证变更。"

第11条："承包方与受让方达成流转意向后，以转包、出租、互换或者其他方式流转的，承包方应当及时向发包方备案；以转让方式流转的，应当事先向发包方提出转让申请。"

第17条："同一集体经济组织的承包方之间自愿将土地承包经营权进行互换，双方对互换土地享有的承包权利和承担的义务也相应互换，当事人可以要求办理农村土地承包经营权证变更登记手续。"

第18条："承包方采取转让方式流转农村土地承包经营权的，经发包方同意后，当事人可以要求及时办理农村土地承包经营权证变更、注销或重发手续。"

49 服刑犯人的承包地可以被收回吗？

典型事例

小王从小就游手好闲，2009年的时候，小王因为盗窃被判刑2年。小王被抓之后，村委会找到他的父母，要求收回小王的承包地承包给别的村民，小王的父母觉得村委会的做法也是在情理之中的，于是小王的承包地就这样被收回了。2 年之后，小王刑满释放回家，发现自己的承包地被收回了，仅仅依靠父母的那点口粮根本就没法生活。于是小王向村委会申请，希望要回自己的承包地，但是村委会以承包地已经被承包出去，没法再返还给小王，拒绝了小王的申请。最后，小王无奈之下，向法院起诉，法院判决，村委会返还承包地给小王，并且赔偿因此给小王造成的损失。

法律分析

为了保障我国的农民能够稳定的承包土地，我国的法律规定，在承包期内，如果没有什么法律规定的特殊情况，是不能收回农民的承包地的。例如，农民在外打工、去外地上学、出去当兵、在外做生意、在农村自办企业、因为结婚而嫁到外地、家庭成员去世或者失踪等情况，都不能轻易地收回他们的承包地。那么，在什么情况下能够收回农民的承包地呢？一般来说，就只有当你不再是本村集体的成员了，比如全家搬走并且户口迁走了等情况出现，就需要收回承包地。另外一种情况，就是根据公共利益的需要，要征收农民的承包地，比如建设高速公路需要通过农田，那么就需要征收农民的承包地，但是，这时候应该给予农民相应的补偿，并且应该重新分配耕地给农户。事例中，小王虽然服刑，但是他仍旧是本村的村民，所以，村委会不能收回小王的土地，法院判决村委会返还小王的承包地并且赔偿小王服刑期间承包地承包给别的村民而给小王带来的损失。

我国农村土地承包法的宗旨是赋予农民长期而有保障的土地使用权，维护农村土地承包当事人的合法权益，促进农业、农村经济发展和农村社会稳定。其中，赋予农民长期而有保障的土地使用权，维护农村土地承包关系的长期稳定，是制定农村土地承包法的一个重要指导思想。其原因在于我国农村人多地少,大部分地区经济还比较落后,第二、三产业不够发达,大多数农民难以实现非农就业,仍然从事农业生产,农民对土地的依赖性较强,在相当长的时期内,土地仍是农民的基本生产资料和最主要的生活来源,因此,必须保持土地承包关系的长期稳定,不得随意收回和调整承包地。《农村土地承包法》第26条和第27条就是对能否收回和调整承包地的具体规定。

"承包期内,发包方不得收回承包地。"这一规定对稳定土地承包关系具有重要意义。根据这一规定,除法律对承包地的收回有特别规定外,在承包期内,无论承包方发生什么样的变化,只要作为承包方的家庭还存在,发包方都不得收回承包地。如承包方家庭中的一人或者数人死亡的;子女升学、参军或者在城市就业的;妇女结婚,在新居住地未取得承包地的;承包方在农村从事各种非农产业的;承包方进城务工的等,只要作为承包方的农户家庭没有消亡,发包方都不得收回其承包地。但因承包人死亡,承包经营的家庭消亡的,为避免已有承包地的承包方的继承人因继承而获得两份承包地,允许发包方收回承包的耕地和草地。

随着我国城乡经济结构的调整和城镇化的发展,农村剩余劳动力向城镇的转移会不断增加,对于承包方全家离开农村,迁入小城镇或者设区的市,转为非农业户口的,其承包地能否收回的问题,法律也做了明确规定。

上述所称的"小城镇",包括县级市市区、县人民政府驻地镇和其他建制镇。关于承包方全家迁入小城镇落户,其承包地能否收回的问题,中央有关文件曾指出,要积极探索适合小城镇特点的社会保障制度。对进镇落户的农民,可根据本人意愿,保留其承包土地的经营权,也允许依法有偿转让。这一规定是从我国当前加快小城镇健康发展的政策出发的。在此之前,党的十五届三中全会的有关决定曾指出，发展小城镇，是带动农村经济和社会发展的一个大战略，有利于乡镇企业相对集中，更大规模地转移农业富余劳动力，避免向大中城市盲目流动，有利于提高农民素质，改善生活质量，也有利于扩大内需，推动国民经济更快增长。根据这一精神，国家制定和完善了促进小城镇健康发展的政策措施，加快了小城镇户籍管理制度的改革。为促进小城镇的健康发展，鼓励农民进入小城镇，自 1997 年开始试点，到 2001 年正式在全国推行的小城镇户籍管理制度改革，从允许一定条件的城镇暂住人口正式取得城镇户口，演变到基本解除对小城镇的迁移限制。这一改革在全国 2 万多个小城镇推行，小城镇居民基本实现了迁徙自由。从目前我国发展小城镇的政策出发，对承包方全家迁入小城镇落户的，如果允许收回其承包的土地，将会影响农民进入小城镇的积极性，使其产生后顾之忧，不利于实现我国加快城镇化进程的政策目标。

　　同时，对这一问题，还应当考虑到农民迁入小城镇后的社会保障问题。目前，我国的社会保障制度还不够健全和完善，特别是在小城镇，由于各地的社会经济发展不平衡，大部分地区经济还比较落后，许多小城镇还没有建立城市居民最低生活保障等社会保障制度。在这种情况下，进入小城镇落户的农民一旦失去非农职业或者生活来源，那么他在农村享有的土地承包经营权仍将是其基本的生活保障。针对我国目前小城镇的社会经济发展状况，《农村土地承包法》第 26 条第 2 款规定："承包期内，承包方全家迁入小城镇落户的，应当按照承包方的意愿，保留其土地承包经营权或者允许其依法进行土地承包经营权流转。"这样规定也是对实践做法的承认和肯定，例如在贵州省湄潭县，该县在 2000 年年初开始户籍改革，放开县城户籍，农民在县城有居所和稳定生活来源的，可以办理县城户口。至 2001 年 11 月份，县城共增加人口

17000 人，他们多从事打工、卖菜、蹬三轮车等工作。这些人承包的耕地和林地都没有收回，可以自己回去管理，也可以转包给其他人或者委托其亲友代管。

根据《农村土地承包法》的规定，承包方全家迁入小城镇落户，转为非农业户口的，应当按照承包方的意愿，保留其土地承包经营权，并按照农业生产季节回来耕作；也允许承包方依法将土地承包经营权采取转包、出租、互换、转让或者其他方式进行流转。当然，如果承包方自愿将承包地交回发包方，也是允许的。

随着工业化进程，有一部分农村剩余劳动力向设区的城市转移，目前全家进城落户的人数较少，以后随着社会经济的发展和城市户口的逐步放开会有所增加。如 2001 年 8 月，河北省省会石家庄市宣布，凡在石家庄工作半年以上的外地人都可以落户石家庄。承包方全家迁入设区的市，转为非农业户口的，他们已经不属于农村集体经济组织的成员，不宜再享有在农村作为生产生活基本保障的土地承包经营权。同时，相对于小城镇而言，在设区的市，社会保障制度比较健全，承包方即使失去了稳定的职业或者收入来源，一般也可以享受到城市居民最低生活保障等社会保障。如果允许承包方保留其承包地，就会使其既享有土地承包经营权，又享有城市社会保障，有悖社会公平。此外，在设区的市，就业机会相对较多，承包方可以通过多种渠道实现非农就业，获得生活保障，其在农村享有的土地承包经营权所具有的基本生活保障的功能大大弱化。而在我国农村，由于人多地少，大部分地区存在人地矛盾。为缓解农村人地矛盾，发展农村经济，在这种情况下，承包方应当将其承包的土地交回发包方，使留在农村的农民有较多的土地耕种。因此，《农村土地承包法》第 26 条第 3 款规定："承包期内，承包方全家迁入设区的市，转为非农业户口的，应当将承包的耕地和草地交回发包方。承包方不交回的，发包方可以收回承包的耕地和草地。"

需要说明的是，承包方应当交回的承包地仅指耕地和草地，并不包括林地，这是因为林地的承包经营与耕地、草地的承包经营相比有其特殊性。林业生产经营周期和承包期比较长，投入大，收益慢，风险大。稳定林地承包经营权，有利于调动承包方植树造林的积极性，防止乱砍滥伐，保护生态环境。因此，对林地承包经营权不适用耕地和草地有关收回的规定，即使承包方全家迁入设区的市，转为非农业户口的，其承包的林地也不应当收回，而应当按照承包方的意愿，保留其林地承包经营权或者允许其依法进行林地承包经营权流转。

为使承包方在交回承包地或者发包方依法收回承包地时，对承包方已向承包地的资产投入得到补偿，《农村土地承包法》第26条第4款还规定："承包期内，承包方交回承包地或者发包方依法收回承包地时，承包方对其在承包地上投入而提高土地生产能力的，有权获得相应的补偿。"如承包方对盐碱度较高的土地或者荒漠化的土地进行治理，使其成为较为肥沃的土地，在交回承包地时，发包方应当对承包方因治理土地而付出的投入给予相应的经济补偿。

法律依据

《农村土地承包法》第26条："承包期内，发包方不得收回承包地。

承包期内，承包方全家迁入小城镇落户的，应当按照承包方的意愿，保留其土地承包经营权或者允许其依法进行土地承包经营权流转。

承包期内，承包方全家迁入设区的市，转为非农业户口的，应当将承包的耕地和草地交回发包方。承包方不交回的，发包方可以收回承包的耕地和草地。

承包期内，承包方交回承包地或者发包方依法收回承包地时，承包方对其在承包地上投入而提高土地生产能力的，有权获得相应的补偿。"

50 没有土地承包经营权证，承包土地有效吗？

典型事例

老王在村里承包了 20 亩耕地，与村委会签订了土地承包合同，但是由于在办理土地承包经营权证时候忘记了相关的材料，所以，最后没有办理到土地承包经营权证。后来，老王一家要到城里打工，想将承包地转包给老李，于是和老李签订了土地转包合同，当他俩来到村委会备案时，村主任说老王没有土地承包经营权证是不能进行转包的。老王很是无奈，老李也因此不敢再转包老王的耕地了。最后，老王来到县里的农业局进行咨询，工作人员告诉他说，只要有土地承包合同就可以依法进行转包，至于土地承包经营权证只是证明的材料，补办一个就可以。回到村里，老王向村委会主任说明了一切，最后，村主任同意他俩的转包。

法律分析

合同的成立是指订约当事人就合同的主要内容形成合意。对于合同的成立时间，合同法规定，承诺生效时合同成立。这是合同成立的一般规定。同时，合同法又对书面形式合同的成立做出了特别规定：当事人采用合同书形式订立合同的，自双方当事人签字或者盖章时合同成立。法律已明确规定土地承包合同应当采用书面形式。因此，承包合同成立的时间应当是当事人签字或者盖章之时。但是，实践中对当事人虽没有签字或者盖章，然而却履行了合同主要义务的，合同也可成立。对于这种情形，合同法规定，采用合同书形式订立合同，在签字或者盖章之前，当事人一方已经履行主要义务，对方接受的，该合同成立。

合同生效是指合同产生法律约束力。合同的效力主要体现在以下几个方面：①在当事人之间产生法律效力。合同生效后，当事人依法受到合同的约束，必须遵循合同的规定，依照诚实信用的原则，正确行使权利，履行义务，而不得滥用权利，违反义务。这是合同的对内效力。在客观情况发生变化时，当事人必须依照法律的规定或者取得对方的同意，才能变更或者解除合同。②合同生效后产生的法律效力还表现在对当事人以外的第三人产生一定的法律约束力。这属于合同的对外效力。合同生效后，任何单位或者个人都不得侵犯当事人的合同权利，不得非法阻挠当事人履行义务。③合同生效后的法律效果还表现在，当事人违反合同的，将依法承担民事责任，必要时人民法院可以采取强制措施使当事人依照合同的规定承担责任，对对方当事人进行补救。法律规定，当事人一方不履行合同义务或者履行义务不符合约定的，应当依照《合同法》的规定承担违约责任。

对于合同的生效时间，《民法通则》规定，民事法律行为从成立时起具有法律约束力。《合同法》规定，依法成立的合同，自成立时生效。合同的生效，除了附条件、附期限的合同以外，在通常情况下，与合同的成立是一致的。《农村土地承包法》对承包合同的生效做出了同《民法通则》和《合同法》一致的规定，即承包合同自成立之日起生效。

《合同法》在规定合同自成立时生效的同时，还规定，法律、行政法规规定应当办理批准、登记等手续生效的，依照其规定，这是合同生效的特别要件。有些合同的成立和生效是不一致的，合同成立并不一定生效，只有在依法经过批准、登记等手续后，合同才生效。

土地承包经营权作为一种土地使用权，属于用益物权的一种，它的设立，以土地承包合同生效为前提。依照法律的规定，承包合同的生效无须经过特别的批准、登记程序。虽然要求县级以上地方人民政府向承包方颁发有关权利证书，并登记造册，但不能据此认为承包合同的生效和土地承包经营权的设立以登记为先决条件。土地承包经营权自承包合同生效时取得，登记只是作为对承包经营权确认的程序。这同土地管理法的规定也是一致的。

简言之，我国的土地承包关键是要签订书面的土地承包合同，只要农民依法签订了土地承包合同，合同也就生效了，农民就取得了承包地的使用权。而对承包地进行登记，并取得相应的土地承包经营权证，是为了更好地统计农民的土地承包，方便农民承包地的管理，但这不是合同生效的关键，也不是根据这个来判断农民是否拥有土地的承包经营权。但是，在我国，县级以上人民政府都会对土地承包进行造册，发放土地承包经营权证。所以，广大农民朋友应该尽量进行登记，办理土地承包经营权证，丢失的和污损的应该及时补办，以免发生不必要的麻烦。事例中，老王和村里签订了土地承包合同，依照法律规定合同在签字时就生效了。所以，老王将土地进行转包是有效的。

法津依据

《农村土地承包法》第22条："承包合同自成立之日起生效。承包方自承包合同生效时取得土地承包经营权。"

《物权法》第127条："土地承包经营权自土地承包经营权合同生效时设立。

县级以上地方人民政府应当向土地承包经营权人发放土地承

包经营权证、林权证、草原使用权证，并登记造册，确认土地承包经营权。"

51 申请土地承包经营权纠纷仲裁需要什么条件？

典型事例

老王在本村承包了耕地15亩，原来是一家5口人，后来老王的父母相继去世，村委会找到老王说，老王的父母已经去世，所以村里应该收回老王父母的承包地的份额6亩地。老王想不通，觉得自己的父母虽然去世了，但是根据自己当初的承包合同的规定，自己应该继续承包15亩耕地，于是老王无奈之下来到县里的仲裁委员会，在向仲裁委员会说明了相关的情况后，仲裁委受理了老王的申请。最后，村委会返还了老王的6亩耕地，并且赔偿了相应的损失。

法律分析

依照我国法律的规定，在发生土地承包经营权纠纷时，是可以申请土地承包经营权纠纷仲裁来解决的。以下是申请土地承包经营权纠纷仲裁的条件和相关的注意事项：第一，申请土地承包经营权的人必须是与纠纷有直接的利害关系的人，也就是说，这个纠纷直接就关系到你的利益，你才有权利去申请。一般来说就是纠纷中受到侵害的人，别人是没有权利去申请的，故事中。能够去申请的人只能是老王以及老王的家人。第二，要有明确的被申请人。也就是说，你要告谁必须是明确的，这样才能受理。第三，申请的纠纷的请求、事实和理由。也就是说，你的申请书必须写清楚，你想要侵犯你权利的人怎么样，是赔礼道歉、金钱赔偿、还是停止侵害、返还土地等；因为什么事情来申请仲裁、有什么证据可以证明等问题。第四，你申请的这件事情必须是属于仲裁委的受理范围。

法津依据

《农村土地承包经营纠纷调解仲裁法》第20条："申请农村土地承包经营纠纷仲裁应当符合下列条件：

（一）申请人与纠纷有直接的利害关系；

（二）有明确的被申请人；

（三）有具体的仲裁请求和事实、理由；

（四）属于农村土地承包仲裁委员会的受理范围。"

52 "四荒"地怎么承包？

典型事例

老王所在的村要进行荒山的承包，于是召集大家进行竞标，最后老王得到了荒山的承包经营权。与村委会签订承包协议时，老王想让合同的承包期由15年延长至30年，但是村委会说："这不是家庭承包，所以和家庭承包的30年期限是不一样的。"老王最后找到律师咨询，得知他的承包属于以其他方式承包的，合同的期限和条件可以由双方来协商。于是老王最后找到村委会进行协商，村委会最终同意将合同的承包期限延长至20年。老王随后签订了土地承包合同，并到农业主管部门进行了登记，领取了土地承包经营权证。

法 _{律分析}

依照《农村土地承包法》的规定，国家实行农村土地承包经营制度。其中，对于农民集体所有和国家所有依法由农民集体使用的耕地、林地、草地这些农村土地，一般实行人人有份的农村集体经济组织内部的家庭承包；对于不宜采取家庭承包方式的荒山、荒沟、荒丘、荒滩等农村土地，可以采取招标、拍卖、公开协商等方式承包。此种承包并非集体经济组织成员人人有份的承包，以至于承包方不仅仅局限于农村集体经济组织内部成员，非本集体经济组织成员的外村农户、其他组织等从事农业生产经营者依照法律规定和承包合同皆可取得对这些土地的承包权，从事种植业、林业、畜牧业、渔业等农业目的生产经营。

家庭承包与其他通过招标、拍卖、公开协商等形式进行的承包有很大区别。家庭承包是按照国家有关规定进行的、人人有份的承包，主要是耕地、林地和草地，具有社会保障的性质；其他方式的承包，即通过招标、拍卖、公开协商等方式进行的承包，主要是"四荒"等其他土地，是通过市场化的方式获得其承包经营权。对于家庭承包的耕地、林地、草地，承包期限分别为30年、30年至70年、30年至50年。承包期内非因自然灾害严重毁损承包地，以及承包方全家迁入设区的市并转为非农业户口等法定原因并依照法定程序，发包方不得调整、收回承包地。对于其他形式的土地承包，由于是有偿取得，并且不涉及社会保障的因素，政策上比较灵活。首先，承包方与发包方的权利义务，承包费等事宜，均由合同议定。其次，通过招标、拍卖、公开协商等方式承包农村土地，经依法登记取得土地承包经营权证等证书的，其土地承包经营权可以依法采取转让、出租、入股、抵押或者其他方式流转。最后，在继承问题上，承包人死亡，其应得的承包收益，依照继承法的规定继承，在承包期内，其继承人可以继续承包。

采取招标、拍卖和公开协商等其他方式承包的农村土地的范围,主要是荒山、荒沟、荒丘、荒滩等土地资源,也就是通常所讲的"四荒"地,根据《土地管理法》的规定,"四荒"属于"未利用地"。以荒山、荒丘、荒沟、荒滩为代表的土地资源,在我国农村非常丰富,开发潜力巨大。家庭联产承包责任制时期,对部分"四荒"地也进行了承包经营。但是,其对生产力的促进作用远远低于耕地承包,很多地方出现了包而不治、荒山依旧、面貌未改的情况,造成了对资源和环境的破坏。另外,在一些非耕地资源较少,人口密度较大的地区,在"四荒"地的承包中也有类似耕地承包中的地块分割零散的情况,即所谓"一山多主,一主多山"。以上情况都成为十多年以后,在我国广大农村又开始实行对"四荒"资源以拍卖为主要形式的土地承包制度的改革的动因。

对荒山、荒沟、荒丘、荒滩等土地资源承包的具体形式,法律明确的有招标、拍卖、公开协商等。招标投标,是市场经济条件下促进效率优化资源的一种交易方式,其根本原则是公开、公平、公正和诚实信用。此种交易方式多为大宗货物的买卖、工程建设项目的发包与承包,以及服务项目的采购与提供所采用,但不局限于此,农村荒山、荒沟、荒丘、荒滩等土地资源的承包也可以采取招标投标的方式。在这种交易方式下,农民集体所有的"四荒"等农村土地依法属于村农民集体所有的,由村集体经济组织或者村民委员会作为招标方;已经分别属于村内两个以上农村集体经济组织的农民集体所有的,由村内各该农村集体经济组织或者村民小组作为招标方;国家所有依法由农民集体使用的,由使用该土地的农村集体经济组织、村民委员会或者村民小组作为招标方。招标方通过发布招标公告或者向有意投标承包的集体经济组织内部成员或外部农业生产者发出招标邀请等方式发出招标信息，列出欲发包的荒山、荒沟、荒丘、荒滩等土地名称、坐落、面积、质量及其承包要求、承包期限以及对承包经营者的资格要求等招标条件，表明将选择最能够满足承包要求的农业承包经营者与之签订承包合同的意向，由各有意承包的农业承包经营者作为投标方，向招标方书面提出自己响应招标要求的条件，参加投标竞争。经招标方对各投标者的条件进行审查比较后，从中择优选定中标者，并与其签订土地承包合同。

采用招标投标方式进行交易活动的最显著特征，是将竞争机制引入了交易过程，具有明显的优越性，主要表现在：①招标方通过对各投标竞争者的条件进行综合比较，从中选择资信情况良好和经营能力强的农业经营者作为中标方，与其签订土地承包合同，这显然有利于调动农民和社会的资金和力量，将过去闲置的"四荒"资源重新优化配置，形成新的生产力；②招标投标活动要求依照法定程序公开进行，有利于集体经济组织成员的监督，促进农村集体经济组织基层的民主建设。

拍卖是指以公开竞价的形式，将特定物的财产权利转让给最高应价的买卖方式。拍卖是一种公开的竞买活动。拍卖的出卖人称为"拍卖人"，参加拍卖的买主称为"竞买人"。拍卖最大的特点是公开性和竞争性。拍卖是由应买人提出各种标价，通过公开竞争，由拍卖人通过击锤等特定方式接受某项出价的买卖方式。拍卖活动的公开性和竞争性充分体现在拍卖的程序上，它必须经过三个步骤：①拍卖人将拍卖物的种类、拍卖处所、拍卖日期及其他必要事项公开告知公众。拍卖必须是公开的出卖。拍卖人所公开表示的出卖意思本身并不是买卖合同意义上的要约，而只是邀请谈判（或称"要约邀请"）。②在规定的拍卖日期和拍卖地点，拍卖人当众拍卖规定的物品。拍卖的性质决定了应买人必须是多数人。各个应买人在拍卖过程中可以以竞相抬高价格的方式出价购买。应买人的出价就是法律意义的要约。应买人的出价对他自己有约束力，但是，在拍卖人拍定以前，应买人可以随时撤回自己的出价。③拍卖人对于应买人所作的意思表示做出承诺，这种承诺就叫拍定，是拍卖人表示卖定的意思。拍定常用击锤的方式表示。拍卖人就应买人所出的最高价高呼三次后，没有再出更高价额时，他就可以击锤拍定。拍定意味着拍卖人接受应买人的要约，一经拍定，买卖合同便告成立。

"四荒"资源流转的所有形式中主要的形式是拍卖，这也是这一轮土地制度变革的主要特征。"四荒"资源的拍卖，起源于我国西部农村，迄今为止已经拍卖的"四荒"占可拍卖的"四荒"资源的 6.4%。实践证明，通过拍卖"四荒"，实现了土地资源的优化配置，农村集体经济组织也由此盘活了存量资金，回收了一笔资金，壮大了经济实力，促进了社区内农业生产的改善和农村经济的可持续发展。拍卖形式之所以受到如此的重视和欢迎，除了拍卖较之其他流转形式更能明晰产权，使土地与经营者结合得更加紧密以外，最根本的原因在于，经历了 20 多年的改革开放，社会主义市场经济体制已经在我国确立和日臻完善，市场日趋成为包括土地资源在内的一切生产要素的基础的配置者，为"四荒"的拍卖流转奠定了制度基础和社会环境。

通过以上方式进行承包需要签订承包合同，土地承包经营合同是指承包方和发包方依法订立的约定双方权利义务的协议。区分农村集体经济组织成员内部人人有份主要体现公平原则的家庭承包和通过招标、拍卖、公开协商等体现效率原则的其他形式的承包。对于人人有份的家庭承包，从承包方、发包方的权利义务、不同类别土地的承包期限、承包合同的具体条款以及承包地的收回和调整、土地承包经营权的流转、继承等问题做了详尽的规定，无论发包方或承包方均无权通过协商变更法律确定的内容。家庭承包涉及的承包地对于农民来讲不但具有经营的性质，更具社会保障的意义。作为农民集体所有土地的所有者中的一员，该土地是其维系生计的根本，是农民的命根子，农民和土地的关系绝不仅仅是一种合同关系，因此法律对家庭承包做了专门规定，切实保障集体经济组织内部成员的土地承包经营权，并禁止为了短期利益损害土地承包经营权的行为。

对于其他形式的承包，尤其是对荒山、荒沟、荒丘、荒滩等土地资源的承包，着眼点在效率，重在开发治理，改善生态环境，促进可持续发展。并且承包方不限于农村集体经济组织成员内部，本集体经济组织以外的单位和个人皆可承包经营，从事种植业、林业、畜牧业、渔业生产。承包方应同发包方订立承包合同，在不违反法律强制性规定的条件下，双方的权利义务可以由双方协商确定。对于以招标方式承包的，经过公平、公正、公开的发标、开标和评标程序后，遵循平等竞争、择优选用的原则，按照规定的程序，发包方从投标者中最终选定中标者作为承包方，并与之签订承包合同。一般是在资信、技术和其他条件相当的情况下，以承包费报价最高的投标人作为中标者，承包费即是中标者公开竞标过程中确定的价格。对于以拍卖方式承包的，拍卖人在竞相抬价的应买人的要约中，选择价格最高者拍板或用其他惯常方式做出卖的承诺，承包费即是经拍卖人拍定的最高竞价。以公开协商等方式承包的，承包费由双方议定。

另外需要注意的是，承包须符合国家法律规定，不能随意进行，否则所签订的承包合同无效。一般来讲具有下列情况之一的合同无效：属于违反国家法律、行政法规强制性规定的；损害社会公共利益的，违背自愿原则的，采取欺诈、胁迫或其他不正当手段签订合同损害国家利益的；恶意串通损害国家、集体利益的，以及发包人无权发包的。

我国法律规定,"四荒"地是指农村集体经济组织所有的荒山、荒沟、荒丘、荒滩。这些地一般是不适合家庭承包的方式进行承包的。我国法律政策对这样的土地承包,采取了有别于家庭承包的办法,一般是通过招标、拍卖、公开协商等方式来进行承包。"四荒"地可以承包给本村的村民,经过村民会议决定后,也是可以承包给本村集体经济组织之外的企事业单位和个人。甚至是城市的企业单位和职工。对于"四荒"地的承包期限可以长也可以短,由承包的双方来决定。其他的承包条件,例如承包的价格等,也要有双方来协商确定。同时,"四荒"地的承包也应该到农业主管部门进行登记,领取土地承包经营权证。事例里,老王通过协商与村委会签订了土地承包合同,延长了土地的承包期限是有法律依据的。

法津依据

《农村土地承包法》第44条:"不宜采取家庭承包方式的荒山、荒沟、荒丘、荒滩等农村土地,通过招标、拍卖、公开协商等方式承包的,适用本章规定。"

第45条:"以其他方式承包农村土地的,应当签订承包合同。当事人的权利和义务、承包期限等,由双方协商确定。以招标、拍卖方式承包的,承包费通过公开竞标、竞价确定;以公开协商等方式承包的,承包费由双方议定。"

第46条:"荒山、荒沟、荒丘、荒滩等可以直接通过招标、拍卖、公开协商等方式实行承包经营,也可以将土地承包经营权折股分给本集体经济组织成员后,再实行承包经营或者股份合作经营。

承包荒山、荒沟、荒丘、荒滩的,应当遵守有关法律、行政法规的规定，防止水土流失，保护生态环境。"

53 嫁出去的女儿和上门的女婿怎么承包土地？

典型事例

老王家有两个女儿，大女儿嫁到外地，但是在外地还没有分到土地，户口也没有迁到外地，老王舍不得二女儿嫁到外地，于是就找到了一个上门女婿小李，小李从小就是个孤儿。后来，老王所在的村开始了新一轮的土地承包。村委会坚持认为老王家的大女儿已经嫁到外地，不是本村的村民，所以不给分配承包地。同时，老王的二女婿是从外村招的，也不能算作是本村的村民，也分不到承包地。老王觉得很是委屈，于是将村委会告上法院。最后，经过开庭审理，法院判决，老王的大女儿有权分到承包地，老王的二女婿也应该分到承包地。

法律分析

嫁出去的女儿和上门的女婿能不能承包本村的土地关键是看以下的条件：第一，是不是本村的集体经济成员；第二，是不是在本村外享有相应的保障。实践中，确定是否是本村的成员一般是以是不是有本村的户口为标准。有本村户口就是本村的成员，就具有本村成员应该有的权利。没有本村户口的人肯定是分不到本村的承包地的。但是现实生活中，有很多户口在本村，而人却常年不居住在本村的情况，这种情况下，应该看是否满足第二个条件，即人在经常生活的地方是否有相应的保障。例如，一个人户口在农村，但是本人生活在城市，拥有城市的社会保险，那么，一般的就可以判断他不再享受本村的成员的权利。事例中，老王家的大女儿虽然已经嫁到外地，但是在外地没有土地，并且户口一直在本村，所以，她仍旧是本村的村民，拥有本村村民应该有的承包土地的权利，村委会不给她分配土地的做法是错误的。同时，农村妇女在承包土地时与男子享有平等的权利。承包中应当保护妇女的合法权益，任何组织和个人不得剥夺、侵害妇女应当享有的土地承包经营权。农村土地承包中妇女与男子享有平等的权利，是男女平等原则的重要体现。在我国漫长的封建社会中，男女的地位不平等，男尊女卑，妇女在社会上没有地位，也不享有太多的财产权。新中国成立后，实行男女平等的社会制度。《宪法》中明确规定，中华人民共和国妇女在政治的、经济的、文化的、社会的和家庭的生活等各个方面享有同男子平等的权利。《妇女权益保障法》也规定，妇女在政治的、经济的、文化的、社会的和家庭的生活等方面享有与男子平等的权利。国家保障妇女享有与男子同等的财产权利。《妇女权益保障法》还规定，农村划分责任田、口粮田以及批准宅基地，妇女与男子享有平等的权利，不得侵害妇女的合法权益。但是，也应当看到，由于封建残余思想的影响，在一些农村中仍然存在歧视妇女的现象，妇女在农村土地承包中的权利受到侵害。如在妇女出嫁后在新居住地没有取得承包地的情况下收回其原承包地；有的农村妇女离婚或者丧偶后，仍在原居住地生活或者不在原居住地生活但在新居住地也未取得承包地，原集体经济组织即收回该妇女已经取得的原承包地等等。在这些情况下，农村妇女的承包权益受到了侵害。因此，强调保护妇女在土地承包中的平等权利，不仅是贯彻男女平等、保护妇女权益的重要体现，在广大农村地区，也仍具有重要的现实意义。

农村妇女在农村土地承包中的权利，主要体现在以下几个方面：①作为农村集体经济组织的成员，妇女同男子一样有权承包本集体经济组织发包的土地。农村妇女，从一出生时起，就是农村集体经济组织的成员。本集体经济组织在发包土地时，应当按照家庭人口数额不论男女来确定承包土地的份额。不能因为是妇女而不许其承包土地，也不能因为是妇女而不分配给其应有承包地份额。②妇女结婚的，其承包土地的权利受法律保护。在现实中，农村妇女结婚往往在男方家落户。有的情况下，男方家是属于另外一个农村集体经济组织的，该妇女在新居住地如果未获得承包土地，其从原集体经济组织获得的承包土地，发包方不得收回。③在妇女离婚或者丧偶的情况下，仍在原居住地生活，或者不在原居住地生活但在新居住地未取得承包地的，原集体经济组织不得收回该妇女已经取得的原承包地。

对非法剥夺、侵害农村妇女依法享有的土地承包经营权的，受侵害的妇女可以向发包方，如村集体经济组织、村委会或者村民小组主张自己的权利。还可以向农村土地承包仲裁机构申请仲裁，也可以直接向人民法院起诉，要求侵权方承担停止侵害、恢复原状、排除妨害、赔偿损失等民事责任，以维护自己承包土地的合法权益。所以，我国法律是保护妇女的合法权益的，在承包土地方面，妇女和他人有相同的权利，不能对妇女有任何歧视和不平等的待遇；老王的二女婿小李来到本村，在以前的村里没有户口了，也分不到相应的土地，现在来到老王所在的村，已经成为本村村民，所以应该分到土地。

法津依据

《农村土地承包法》第6条："农村土地承包，妇女与男子享有平等的权利。承包中应当保护妇女的合法权益，任何组织和个人不得剥夺、侵害妇女应当享有的土地承包经营权。"

54 | 没有签订书面的转包合同转包土地是否有效？

典型事例

老王在村里承包了 30 亩耕地，由于老王近几年在城里打工挣钱比较顺利，所以，老王决定将 30 亩的承包地转包给老李，于是两人达成共识。一天，两人将邻居叫上坐在一起吃饭，顺便老王将自己承包地转包给老李事情向大家做了说明，并且请大家做个见证。事后，老王就回到城里打工。可是，过了 3 年，金融危机爆发，城里的工作挣钱难度加大，于是，老王决定回到村里继续种地，当他表示要收回老李的 30 亩耕地时，老李坚决反对，并称，这 30 亩耕地是你老王自愿转包给我的，当时还有邻居作证，所以应该严格的依转包合同来办。但是老王说："咱们也没有签订转包合同书。所以，咱们之间的口头转包协议是无效的"。最后，两个人争执不下，告到法院。法院最终判决：老王与老李之间的转包合同是有效的。老王可以要回自己的承包地，但是应该赔偿老李因此受到的损失。

法律分析

土地承包经营权流转合同应当采用书面形式签订，以明确双方的权利义务，减少纠纷。当事人没有采用书面形式签订，但已实际流转了，仍可认定土地承包经营权流转合同成立。土地承包经营权流转合同除需经流转双方当事人签字外，采取转让方式流转的，该转让合同应当经发包方同意。发包方不同意，土地承包经营权转让合同不成立。采取转包、出租、互换方式或者其他方式流转的，应当将此类流转合同报发包方备案。不论发包方是否同意，都不影响该流转合同的成立。

我国规定农民承包土地是可以依法自愿的进行转包、出租、互换、转让的。但是，实践中，本村村民之间转包土地但是没有签订转包合同书的情况很多，这种情况下，效力如何呢？依照我国法律规定，这种情况下一般是无效的。因为我国的法律规定，订立合同的双方，可以采用书面形式，也可以采用口头形式，还可以采用其他形式，但是如果法律法规要求采用书面形式的，就必须采用书面形式，否则这个合同就是不成立的。依照我国《农村土地承包法》的规定，土地转包、转租、互换、转让都应该签订书面的合同，所以，土地转包如果不签订书面的合同是不成立的。但是，这也不是绝对的，也有特殊情况。就是法律法规规定双方应该签订书面合同，虽然双方没有签订书面合同，但是一方已经按照约定开始履行合同了，而且对方也同意，没有反对意愿。那么，这样的情况下也可以认定合同成立了。

故事中，老王将自己的承包地转包给老李，两人虽然没有签订书面的转包合同，但是老李已经开始经营耕地，并且老王也已经收到了老李的转包款，所以，两人之间的转包合同实际上是成立的。这就是上述讲的特殊情况，既然合同成立，老王想要要回土地就是违约行为，所以，老王应该赔偿老李的损失。

法 律依据

《农村土地承包法》第 37 条第 1 款："土地承包经营权采取转包、出租、互换、转让或者其他方式流转，当事人双方应当签订书面合同。采取转让方式流转的，应当经发包方同意；采取转包、出租、互换或者其他方式流转的，应当报发包方备案。"

《合同法》第 10 条："当事人订立合同，有书面形式、口头形式和其他形式。

法律、行政法规规定采用书面形式的，应当采用书面形式。当事人约定采用书面形式的，应当采用书面形式。"

《合同法》第 36 条："法律、行政法规规定或者当事人约定采用书面形式订立合同，当事人未采用书面形式但一方已经履行主要义务，对方接受的，该合同成立。"

55 强制农民种示范田合法吗？

典型事例

老王所在的村因为靠近高速公路交通十分的便利。新的一轮承包地结束后，农民都分到了自己的承包地，正准备耕种农作物时，村委会紧急通知，要求每户村民必须种植蔬菜，到时候便于统一的运输出售。很多村民迫于无奈，依照村里的安排，耕地上种植上了蔬菜，而老王觉得，种植蔬菜的前期成本太高，不能保证收回成本，于是找到村委会商量，想种玉米。但是村委会坚决地不同意，并且说这是乡里的统一安排。老王一气之下，将村委会告上法院。最后，法院判决，村委会强制村民种植蔬菜的做法是违法的。

法律分析

发包方不但享有权利，也要承担义务。发包方的义务是法定义务，发包方必须履行，不得减轻或者放弃，在承包合同中也不得约定减轻或者放弃。如果承包合同中有减轻或者放弃其义务的条款，则该条款无效。依照我国土地承包法的规定，发包方应该承担以下的义务：

1. 维护承包方的土地承包经营权，不得非法变更、解除承包

合同 。国家实行农村土地承包经营制度，这是一项基本国策。法律保护农民的承包经营权，我国《民法通则》、《农业法》、《土地管理法》等法律对农民的土地承包经营权的保护都做了规定。《农村土地承包法》第 5 条中也明确规定，任何组织和个人不得剥夺和非法限制农村集体经济组织成员承包土地的权利。农村集体组织成员依法享有的土地承包经营权是通过签订土地承包合同来体现的。因此，发包方有义务维护承包方的土地承包经营权，不得非法变更、解除承包合同。

2. 尊重承包方的生产经营自主权，不得干涉承包方依法进行正常的生产经营活动 。生产经营自主权是承包方自主安排生产、自主经营决策的权利，是承包权的最重要的内容。发包方有义务尊重承包方的生产经营自主权，不得干涉承包方依法进行的正常的生产经营活动。由于发包方享有发包权，也有监督和制止承包方损害承包的土地和农业资源的权利，因此，很容易干涉承包方的经营活动。现实中也经常出现强迫承包土地的农民种植某种作物等情况，规定发包方的这项义务是非常必要的。

3. 依照承包合同约定为承包方提供生产、技术、信息等服务。我国实行的以家庭经营为基础、统分结合的双层经营体制，"统"的含义，就是要求集体经济组织要做好为农户提供生产、经营、技术等方面的统一服务。中央文件多次提出，要增强集体经济组织的实力，更好地为农户提供产前、产中、产后的服务。发包方有义务帮助承包方搞好生产经营，提供生产、技术、信息服务。在水利排灌、农机推广、机械作业（大型播种、收割机械作业等）、生产资料（化肥、种子等）、道路设施、农业技术等方面，单独的农户信息来源渠道少，也没有足够的资力去解决。集体统一运作更符合规模效应。在农村推广土地承包制度以来，由于土地承包到户了，有些村集体原来掌握的机械、排灌设施等集体资产或者分掉了，或者闲置起来了。由于人均土地较少，承包户一般不需要大型农业机械。随着农村经济的发展，一些农民购置了小型机械，也不依赖村集体。现实中自给自足、生产率低下的小农经济仍大量存在。这种状况不利于生产力水平的提高和农村经济的发展。农村基础设施建设、大型机械的采用和科学种田对提升农业经济发展水平是必需的。而且，村集体经济组织也有条件提供服务。因此，《土地承包法》第 14 条第 3 项规定了发包方的服务义务。

4. 执行县、乡（镇）土地利用总体规划，组织本集体经济组织内的农业基础设施建设。土地利用总体规划是指在一定区域内，根据国家社会经济可持续发展的要求和当地自然、经济、社会条件，对土地的开发、利用、治理、保护在空间、时间上所做的总体安排。各级人民政府都有组织编制土地利用总体规划的职责。编制的主要依据之一是国民经济和社会发展规划。土地是国民经济与社会发展的基础，土地利用总体规划要为实现国民经济与社会发展提供土地保证。编制规划的另一个主要依据是国土整治规划。国土整治规划是为了协调经济发展与人口、资源、环境之间的关系而进行的规划。它的主要对象是土地、水、气候、矿产、生物、旅游和劳动力等自然、社会和经济资源。各级人民政府在组织编制土地利用总体规划时，要充分考虑资源环境保护的要求。要从国家和民族的长远利益出发，按照可持续发展的要求，在保持耕地总量稳定的前提下，制定土地利用总体规划，还要充分考虑生态环境建设的要求。要严格保护基本农田，控制非农业建设占用农用地，提高土地利用率，统筹安排各类、各区域用地，保护和改善生态环境，保障土地的可持续利用。下级的土地利用总体规划必须按照上级土地利用总体规划编制。下级安排的建设用地总量不得超过上一级土地利用总体规划确定的控制指标，省、自治区、直辖市人民政府编制的土地利用总体规划，应当确保本行政区域内耕地总量不减少。县、乡根据上级土地利用总体规划安排区域内的具体的土地利用总体规划。执行这一规划是发包方必须履行的法定义务。农业基础设施建设与土地利用总体规划有关，但又是一个相对独立的问题。农业基础设施建设一般包括农田水利建设，如防洪、防涝、引水、灌溉等设施建设，也包括农产品流通重点设施建设，商品粮棉生产基地，用材林生产基地和防护林建设，也包括农业教育、科研、技术推广和气象基础设施等。农业基础设施建设对于农业的发展意义重大，也是"统一经营"的重要内容之一，并且与承包方有密切关系，农村集体经济组织有义务组织本集体经济组织内的农业基础设施建设。

5. 法律、行政法规规定的其他义务，这是一项兜底的规定。有关农村集体经济组织对于土地以及其他相关方面的义务，除《土地承包法》外，农业法、土地管理法、森林法、草原法等法律以及国务院的行政法规都有涉及，发包人的义务不限于《土地承包法》第 14 条明确规定的 4 项。

在我国，土地承包经营权是农民的一项十分重要的权利，其中就包括了一个"经营自主权"。所谓的经营自主权就是说农民承包了土地，在不改变承包地用于农业生产用途的前提下，农民想种植什么就可以种植什么，都是由农民自己说了算。法律规定的目的是增强农民种田的积极性，也是农民经营自主权的重要表现。值得注意的是，自主经营权不能种植非法的东西，例如鸦片、大麻等作物。作为发包方的村委会你应该尊重村民的经营自主权，不能够干涉农民正常的生产活动，更不能强制农民来种植什么，或者搞任何集体性的生产经营活动。但是，村委会是可以正确的引导农民，结合市场形势，推广新的品种介绍新的农药化肥等农资产品等等，但是以上的做法都只能是指导性的做法，最后还是得由农民自己决定，让农民自主的选择种植农作物。事例中，老王所在的村依乡里的统一安排为由强制农民种植蔬菜的做法明显的是干涉了农民的自主经营权，是违法的。

法津依据

《农村土地承包法》第14条："发包方承担下列义务：

（一）维护承包方的土地承包经营权，不得非法变更、解除承包合同；

（二）尊重承包方的生产经营自主权，不得干涉承包方依法进行正常的生产经营活动；

（三）依照承包合同约定为承包方提供生产、技术、信息等服务；

（四）执行县、乡（镇）土地利用总体规划，组织本集体经济组织内的农业基础设施建设；

（五）法律、行政法规规定的其他义务。"

56 村委会多留机动地进行承包合法吗?

典型事例

老王所在的村有耕地500公顷，在土地进行第二轮承包的时候，村委会预留下60公顷的耕地作为村里的机动地。但是正是这预留的机动地成为矛盾的焦点。村委会用这60公顷的土地进行反复的承包赚钱，更可气的是村委会多次将预留的机动地承包给自己的亲属。2011年，老王家生了一个孙子，于是老王找到村委会要求给自己的孙子分一份耕地，但是，村委会拒绝分给老王，并且说60公顷耕地是预留给村里的机动地，以备不时之需，不能随便地就分给村民。老王无奈之下，将村委会告上法院，法院了解情况下，经过耐心细致的调解，最后，村委会同意将 60 公顷耕地分给老王的孙子一部分。

法律分析

《农村土地承包法》第 28 条规定："集体经济组织依法预留的机动地应当用于调整承包土地或者承包给新增人口。"这里说明预留机动地的初衷在于应对因人口变化、征用占用土地、自然灾害等各种情况而导致的人地矛盾问题。但实践中这种做法往往出现偏差，其负面作用是不容忽视的。首先，试图通过预留一定数量的土地就解决未来数十年中可能出现的人地矛盾是不切实际的。土地承包期是一段相当长的时间，而时间越长预测其间人地矛盾发生的概率就越困难，机动地预留就越难做到适度。其次，机动地可能带来的收益会驱使一些地方借预留机动地与民争利。在土地承包经营中，既要保障农民的合法权益又要确保地尽其用，不使资源闲置，即使是预留的机动地也必须投入生产，发挥效益。但实际上对预留机动地的监管是比较困难的，作为相对弱势一方的农民对此往往无能为力，发包方用机动地从事经营或向外发包，从中获利的机会是比较大的，因此有的地方随意扩大机动地面积，实际侵犯了农民利益。为纠正这种错误做法，国家有关文件曾多次强调要控制机动地比例，并明确指出预留机动地不得超过耕地总面积 5% 的限度。目前在已基本完成的第二轮土地承包中，预留机动的总体没有超过政策限定的比例（据统计，全国预留机动地总面积只占耕地面积的 1.9%）。但仍有一些地方预留机动地超过政策限度，需要纠正。为维护广大农民群众的合法权益，体现国家意志的权威性和稳定性，《农村土地承包法》将国家有关政策规定上升为法律，该法第 63 条对此做出如下规定："本法实施前已经预留机动地的，机动地面积不得超过本集体经济组织耕地总面积的5%。"

实际情况表明，仅仅规定一个5%的上限，还不足以从根本上解决机动地问题。即使预留机动地总量始终未超过国家规定的5%的上限，但如果发包方通过收回或调整承包地，逐次扩大机动地面积，就同样会影响土地承包的稳定性，损害农民群众的合法权益。农村土地承包法对收回和调整承包地都做了严格的限制性规定。

《农村土地承包法》第26条规定："承包期内，发包方不得收回承包地。""承包期内，承包方全家迁入小城镇落户的，应当按照承包方的意愿，保留其土地承包经营权或者允许其依法进行土地承包经营权流转。""承包期内，承包方全家迁入设区的市，转为非农业户口的，应当将承包的耕地和草地交回发包方。承包方不交回的，发包方可以收回承包的耕地和草地。"首先明确规定承包期内原则上不得收回承包地。进而就实际生活中容易出现的两种特殊情况，对发包方是否可以收回承包地的问题分别做了具体的规定。就是说，在承包期内，如果承包方全家只是迁入小城镇落户，则应由承包方自己选择保留或流转其土地承包经营权。也就是说，在这种情况下发包方不得违背农民意愿，收回承包地。在承包期内，如果承包方全家迁入的是设区的市，转为非农业户口，那么承包方才有义务交回承包的耕地和草地。只有在这种情况下，承包方应当交回却拒不交回时，发包方才有权收回承包的耕地和草地。实际已禁止在承包工作完成后再通过收回承包地的方式扩大机动地的做法。

《农村土地承包法》第27条规定："承包期内，发包方不得调整承包地。""承包期内，因自然灾害严重毁损承包地等特殊情形对个别农户之间承包的耕地和草地需要适当调整的，必须经本集体经济组织成员的村民会议 2/3 以上成员或者 2/3 以上村民代表的同意，并报乡（镇）人民政府和县级人民政府农业等行政主管部门批准。承包合同中约定不得调整的，按照其约定。"

第 27 条第 1 款是说原则上承包期内不允许调整承包地。第 2 款给出了例外情况，但可以适用这一例外规定必须严格符合该款规定的一系列要件，包括：①调整事由仅限于自然灾害严重毁损承包地等特殊情形；②调整范围仅限于个别农户之间；③调整对象仅限于农户承包的耕地和草地；④调整程序必须符合有关法律的规定。同时，可以调整的前提还包括不得违反承包合同中的有关约定，如果承包合同中约定不得调整，则必须信守合同，不得违约调整。可见，《农村土地承包法》第 27 条的规定实际已禁止了在承包工作完成后再行调整承包地以扩大机动地的做法。

除不得通过收回和调整承包地而扩大机动地之外，农村集体经济组织也不得通过土地整理的方式再增加机动地。因此，法律规定对本法实施前已经预留机动地的进一步做出限定："不足百分之五的，不得再增加机动地。"同时，进而规定："本法实施前未留机动地的，本法实施后不得再留机动地。"这一是考虑到要落实前述保护承包关系稳定，严格限制收回或调整承包地的有关规定，所以对农村土地承包法实施前已按国家有关规定完成土地承包的，规定不得再追加保留机动地；二是出于农村土地承包法的制度设计实际已使保留机动地成为不必要，所以对个别尚未完成土地承包的，规定不得再预留机动地。

实际上，在第二轮土地承包期内，人地矛盾的解决应当尽可能通过利用依法开垦增加的土地和利用承包方依法、自愿交回的土地和土地承包经营权的流转，通过社会主义市场经济的自我调节作用来解决。为根除因预留机动地而现实存在的负面效应，法律对《农村土地承包法》实施前已预留机动地的做了严格的限制性规定，对农村土地承包法实施后还要预留机动地的则做了明确的禁止性规定。

机动地就是一些地方为了解决人地矛盾、减少承包地调整的次数而预先预留的一部分土地，不进行家庭承包而由村委会组织统一经营或者招标承包的土地。其中，机动地很重要的一点就是调控集体组织里新增人口的土地。但是，如果机动地预留的过多，将会不利于农业生产，所以我国法律对预留机动地标准有明确的规定：第一，每个村预留的机动地的面积不得超过本村耕地面积的5%，注意的是耕地面积的5%，不包括林地和草地；第二，要是机动地不够耕地面积的5%，也不能再增加了；第三，如果农村土地承包法实施之前，没有预留承包地，也不能再留机动地了。所以，并不是说每个村的机动地都是本村耕地面积的5%，严格的说是不能超过本村耕地面积的5%，不足的不要补充了，没有的不用再留了。事例中，老王所在的村有500公顷耕地，预留了60公顷的耕地，大大地超过了5%的规定。并且村委会还用预留机动地赚钱，这显然是违法的。根据机动地的目的，村委会应该给老王的孙子分一份承包地。

法律依据

《农村土地承包法》第28条第1款第1项："下列土地应当用于调整承包土地或者承包给新增人口：

（一）集体经济组织依法预留的机动地

……"

第63条："本法实施前已经预留机动地的，机动地面积不得超过本集体经济组织耕地总面积的5%。不足5%的，不得再增加机动地。

本法实施前未留机动地的，本法实施后不得再留机动地。"

57 承包合同无效谁负责？

典型事例

2001 年 1 月，W 村村民王某与当时的村委会签订了一份土地承包合同。合同约定，村委会将村属的 20 亩果园承包给王某经营，承包期限为 30 年。合同签订后，王某对所承包的果园进行了重新整理，并新打了一眼深井。2004 年 10 月，王某所在的村委会进行了换届选举。换届后的村委会以原村委会与王某所签订的土地承包合同没有召开村民大会为由，将王某所承包的果园强行收回。王某将村委会告上法庭，要求确认合同有效；同时王某自行委托价格认证中心认证，如果确认合同无效，要求村委会赔偿 2 万元经济损失。

一审法院经审理后认为，原告王某与原村委会之间签订的土地承包合同违反了民主议定原则，属于无效合同。原村委会在签订合同中存在明显过错，应当对因合同无效给原告王某造成的经济损失进行赔偿。判决村委会赔偿王某各项投入费用 7000 元，而对王某自行委托认证的不能继续履行合同后两年的土地可得利益损失 2 万元，以"属于期待利益，不是直接损失，且村委会有异议"为由，不予支持。王某提起上诉。二审法院审理认为农村土地承包合同具有长期性特点，合同签订后，承包人为长远利益，其初始投入往往较大，承包人的期待利益也是巨大的。一旦合同被确认无效，若不考虑其间接损失，势必会损害农民的切身利益。二审法院委托有鉴定资格的认证机构予以认证，作出终审判决：村委会赔偿王某整地打井费用 7000 元，并赔偿王某不能继续履行合同后两年的土地可得利益损失 15 000 元，合计 22 000 元。鉴定资格的认证费用 5000 元由村委会承担 4000 元，王某承担 1000 元。

法 _{律分析}

事例中的问题普遍存在，需要引起大家的注意。现在社会倡导公开、公平、公正，便民高效，根据事实，符合法律，尊重社会公德。因此在经济迅速发展的现在，需要我们广大农民朋友在承包耕地、林地、果园的过程中增强法律意识、注意维护自己的合法权益。

我国《农村土地承包法》关于承包原则做出了明确规定，并严格规定了承包程序，包括按照规定统一组织承包时，本集体经济组织成员依法平等地行使承包土地的权利，也可以自愿放弃承包土地的权利；民主协商，公平合理；承包方案应当经本集体经济组织成员的村民会议 2/3 以上成员或者 2/3 以上村民代表的同意；等等。同时，根据我国《合同法》，一方以欺诈、胁迫的手段订立合同，损害国家利益；恶意串通，损害国家、集体或者第三人利益；以合法形式掩盖非法目的；损害社会公共利益；违反法律、行政法规的强制性规定等，所签合同无效。合同无效或者被撤销后，因该合同取得的财产，应当予以返还；不能返还或者没有必要返还的，应当折价补偿。有过错的一方应当赔偿对方因此所受到的损失，双方都有过错的，应当各自承担相应的责任。

事例中，王某与原村委会签订了土地承包合同，由于原村委会在签订之前没有召开村民大会，导致合同自始无效，因此该果园应当被村委会收回，原村委会有过错，应当赔偿王某的损失。农村土地承包合同被确认无效后，给一方或双方造成的损失由谁来承担？在大量的案件处理中，法院对承包人直接损失的认定和处理比较妥当，但对承包人的间接损失不应以"属于期待利益"为由不予支持，只要承包方的间接损失是可以预见，并能预期取得的利益，就应支持，这也符合合同法中有关损失的赔偿原则。

法 律依据

《农村土地承包法》第 27 条："承包期内，发包方不得调整承包地。

承包期内，因自然灾害严重毁损承包地等特殊情形对个别农户之间承包的耕地和草地需要适当调整的，必须经本集体经济组织成员的村民会议 2/3 以上成员或者 2/3 以上村民代表的同意，并报乡（镇）人民政府和县级人民政府农业等行政主管部门批准。承包合同中约定不得调整的，按照其约定。"

58 农村承包地调整谁说了算？

典 型事例

蔡小兴家南面有一块仓库大场，村里分田到户后，该场地一度闲置，后由濮吉生等五户村民占用种植蔬菜，蔡小兴部分承包地被村里征用后，就提出把这块大场补偿给他，遭到濮占生等人的反对。2003 年 5 月，村委会书面通知蔡小兴被征用承包地的面积用补划的方式解决。5 月 27 日，村委会召开村民组长代表、部分老党员会议，会议形成决议将仓库大场补偿给蔡小兴。同日，沙家浜镇政府作出《关于调整蔡小兴户承包地的批复》，同意村委会的调整方案。镇政府作出批复后，又组织人民去现场划地，但此时该场地已被濮吉生等五户种植了毛豆等农作物，划地遭到了阻挠。为此蔡小兴提起诉讼，要求五被告停止侵害，排除妨碍。

法院审理后认为，原、被告争执的大场场地属于村预留的机动地，五被告对该机动地均无权占用；原告在村委会征用、占用其承包地后，依法有权获得相应补偿，但原告所提供的调整土地手续不符合土地承包法的有关规定，且至今未得到县级政府农业等行政主管部门批准，应认定该调整还未生效，蔡小兴尚未正式取得该地的承包经营权。因此，蔡小兴的诉讼请求无法得到法院的支持，法院驳回了他的诉讼请求。

法津分析

我国《农村土地承包法》明确规定，农村土地承包方案和调整承包地均必须经本集体经济组织成员的村民会议 2/3 以上成员或 2/3 以上村民代表同意。调整承包地需报镇人民政府和县级人民政府农业等行政主管部门批准。蔡小兴对承包地调整方案既不能证明已经 2/3 以上成员或村民代表同意，又没有主管部门批准手续，败诉也就不足为怪了。

法津依据

《农村土地承包法》第 12 条："农民集体所有的土地依法属于村农民集体所有的，由村集体经济组织或者村民委员会发包；已经分别属于村内两个以上农村集体经济组织的农民集体所有的，由村内各该农村集体经济组织或者村民小组发包。村集体经济组织或者村民委员会发包的，不得改变村内各集体经济组织农民集体所有的土地的所有权。

国家所有依法由农民集体使用的农村土地，由使用该土地的农村集体经济组织、村民委员会或者村民小组发包。"

第 18 条第 3 项："土地承包应当遵循以下原则：

......

（三）承包方案应当按照本法第 12 条的规定，依法经本集体经济组织成员的村民会议 2/3 以上成员或者 2/3 以上村民代表的同意；

......"

第 27 条："承包期内，发包方不得调整承包地。

承包期内，因自然灾害严重毁损承包地等特殊情形对个别农户之间承包的耕地和草地需要适当调整的，必须经本集体经济组织成员的村民会议 2/3 以上成员或者 2/3 以上村民代表的同意，并报乡（镇）人民政府和县级人民政府农业等行政主管部门批准。承包合同中约定不得调整的，按照其约定。"

59 承包地转包村委会能否"代理"？

典型事例

李四承包了村里的一块低洼地。村委会为鼓励多种经营，发展渔副业生产，向李四做思想工作，让李四将土地转包给刘三用做鱼塘养殖，并在其所在地的公证处进行了公证。租期为 8 年，期满后刘三归还鱼塘，如果续包则另签合同。期满后，刘三拒绝归还鱼塘，李四多次索要无果。第二年，该村集体组织在未经李四同意的情况下，又与刘三就该鱼塘签订了承包协议并发放了《土地承包经营权》证书。李四、刘三与集体组织之间遂发生了纠纷。

法律分析

我国《农村土地承包法》第 32 条规定："通过家庭承包取得的土地承包经营权可以依法采取转包、出租、互换、转让或者其他方式流转。"承包方可以自主决定采取转包、出租、互换、转让或者其他方式进行流转。土地承包经营权流转应当遵循平等协商、自愿、有偿等原则。李四与村委会签订的合同是有效的土地承包合同，李四是该土地合法的承包人。而李四与刘三签订的是普通的土地转包合同，刘三不履行合同约定，李四可以向人民法院起诉，要求法院强制刘三履行。至于此后刘三和村委会签订的承包协议，属于无效合同。村委会擅自收回土地，属于侵害李四合法权益的行为，应属于无效行为。李四可以通过起诉刘三履行合同来维护合法权益，也可以向村委会主张侵权责任。

法津依据

《合同法》第60条第1款："当事人应当按照约定全面履行自己的义务。"

第107条："当事人一方不履行合同义务或者履行合同义务不符合约定的，应当承担继续履行、采取补救措施或者赔偿损失等违约责任。"

《农村土地承包法》第32条："通过家庭承包取得的土地承包经营权可以依法采取转包、出租、互换、转让或者其他方式流转。"

第34条："土地承包经营权流转的主体是承包方。承包方有权依法自主决定土地承包经营权是否流转和流转的方式。"

60 土地补偿费、安置费应该怎么分？

典型事例

1985年左右，村民张某在第一轮土地发包过程中取得了0.51亩土地，后他将该土地出借给同村胡某。在随后几年，该土地的各项税费都是胡某缴付的。1997年，胡某与所在村签订《农村土地承包合同》，承包了 2 亩多土地（其中包括那 0.51 亩土地）。2003 年，村里将部分土地（其中包括这 2 亩多土地）给某厂建厂房搞生产。当时给村民约定的是土地补偿费 4000 元/亩、安置费 4000 元/亩、青苗费 1000 元/亩。某厂也答应再按 3000 元/亩多补偿一些钱。后村里决定将土地补偿费留给村里所有，某厂多补的钱等开村代会再作决定，只同意将安置费和青苗费补偿给被征地的村民。胡某不服，起诉要求村里将土地补偿费、某厂多补的钱返还给自己。0.51 亩土地的原承包人张某则主张 0.51 亩土地的补偿应归自己。村里认为当时与胡某签合同只是为了应付上级检查，村里实际上并没有搞第二次土地发包，合同应视为无效。

法律分析

根据我国土地法规定，土地补偿费用可留在村级机构用于组织再生产。而厂里多补的费用应根据多补费用的性质进行分配，属安置费、青苗费则应给承包人。至于村组织说，二次承包属应付检查之说是不能成立的，应按重新承包的土地进行补偿。原承包人主张补偿费用没有法律依据。0.51 亩土地出借给胡某，在随后几年，该土地的各项税费都是胡某缴付的，胡某成了土地的实际耕作者，且 1997 年重新订了承包协议。因此，可视为胡某为该 0.51 亩土地的实际承包人。

法律依据

《土地法管理》第 49 条："被征地的农村集体经济组织应当将征收土地的补偿费用的收支状况向本集体经济组织的成员公布，接受监督。

禁止侵占、挪用被征收土地单位的征地补偿费用和其他有关费用。"

61 随意调换机动地与承包地该咋办？

典型事例

某镇某村第六村民小组发生土地纠纷，因该村在 1995 年调整种植业结构，发展蚕桑产业，规划甲地为蚕桑基地，由于基地内耕种责任地的部分农户劳力欠缺，栽桑困难，经村公所请示镇政府同意安排当时的社长张三负责落实，用集体机动地进行调换调整，调换调整后的蚕桑基地变成了集体机动地。栽桑后，合作社以每年 30 元的标准进行承包经营，承包期限五年，即 1995 年至 1999 年。承包土地的农户均超期到 2000 年，其中张三、李四、王五等 3 户承包经营了甲地（栽桑基地）6 亩（实际面积 7.86 亩）。到 2000 年末，村民小组实行选举后，新任组长赵六根据群众意见召开群众会，决定把集体机动地甲地收回重新承包，对 2000 年超期的承包费，按每亩 30 元的标准补交（张三、李四、王五已补交）。同时，会议还决定从 2001 年开始竞标承包经营，张三等 3 户参与夺标，但未中标。于是暴露了张三（二轮承包时任社长）擅自把集体的机动地（甲地）与自己一起承包时的责任地（乙地、丙地）对调，将甲地集体机动地承包给自己和儿子李四和王五，并把经营的集体机动地申报为责任地，报村公所填在《集体土地承包经营权》证书上，骗取合法证书。群众得知内情后强烈不满，纷纷要求收回集体的机动地。据查，张三还将 1995 年做人情给孙七耕种的集体机动地丁地 1 亩也申报为孙七的责任地。

法律分析

张三利用职权，徇私舞弊，用非法手段骗取合法证件，因此

187

张三、李四、王五、孙七等4户的《集体土地承包经营权证（合同）》为无效合同，应收回报市政府批准，另行核发。

经认真分析，将情况上报反映到市民政局，民政局同意给予定期生活补助，解决生活来源问题；同时由该村安排给甲方荒坡5亩进行开发承包，5年内不收任何费用，5年满后按政策规定收取适当的承包费，以解决就业问题。

法津依据

《农村土地承包法》第18条第3项："土地承包应当遵循以下原则：

......

（三）承包方案应当按照本法第12条的规定，依法经本集体经济组织成员的村民会议2/3以上成员或者2/3以上村民代表的同意；

......"

第27条："承包期内，发包方不得调整承包地。

承包期内，因自然灾害严重毁损承包地等特殊情形对个别农户之间承包的耕地和草地需要适当调整的，必须经本集体经济组织成员的村民会议2/3以上成员或者2/3以上村民代表的同意，并报乡（镇）人民政府和县级人民政府农业等行政主管部门批准。承包合同中约定不得调整的，按照其约定。"

第28条第1项："下列土地应当用于调整承包土地或者承包给新增人口：

......

（一）集体经济组织依法预留的机动地；

......"

62 弃耕撂荒的耕地还能要回吗? •

典型事例

赵某弃耕撂荒，携带妻子南下深圳打工。2005 年以来，中央落实一系列惠农政策，在外饱受漂泊之苦的赵某想回家继续经营承包地。但回村后，村委会以土地已经发包给他人为由拒绝了赵某的要求。几经协商后双方没有达成共识，赵某便向法院提起诉讼，要求村委会返还承包地。经过庭审，法院最后支持了赵某的诉求。

法律分析

对涉及承包方弃耕、撂荒承包土地纠纷的处理需明确以下三个问题：①从《农村土地承包法》对承包方承包土地的保护规定和维护土地承包经营权人利益的考虑出发，弃耕撂荒承包地的承包方要求返还承包地的诉讼请求，应予支持；②从《土地管理法》确立的耕地保护的立法政策出发，地尽其用、维持土地的农业用途也是承包方的法定义务，这一点在《农村土地承包法》第 17 条第 3 项规定中也有体现；③不论其出于何种原因弃耕、撂荒承包土地，均属于对法定义务的违反，其主张弃耕、撂荒期间损失的赔偿，是没有合法依据的。发包方虽然不得收回承包土地，但其本着发挥土地利用价值的角度，采取措施避免承包土地荒废带来的损失，具有合理性。但必须明确，在承包方要求返还的时候，应当返还。

土地是农民安身立命的根本，农民弃耕撂荒大多数有着深刻而复杂的原因，农民放弃耕地不能简单地理解为农民永久性放弃土地承包经营权。由此可见，不论发包方是否将该户承包地与他人另行建立承包合同关系，土地承包经营权人弃耕撂荒后有要求返还承包地的，法院都会依法给予支持。

法津依据

最高人民法院《关于审理涉及农村土地承包纠纷案件适用法律问题的解释》第6条第1款："因发包方违法收回、调整承包地，或者因发包方收回承包方弃耕、撂荒的承包地产生的纠纷，按照下列情形分别处理：

（一）发包方未将承包地另行发包，承包方请求返还承包地的，应予支持；

（二）发包方已将承包地另行发包给第三人，承包方以发包方和第三人为共同被告，请求确认他们所签订的承包合同无效，返还承包地并赔偿损失的，应予支持。但属于承包方弃耕、撂荒情形的，对其赔偿损失的诉讼请求，不予支持。"

63 新出生的孩子还能分到承包地吗？

典型事例

老王媳妇最近生了一个儿子，全家非常高兴。但是高兴之余，因老王在上次土地承包的时候承包了村里的20亩地，担心自己现有的耕地不够种的，现在增加了人口，村委会应该给自己分配相应的土地。于是老王找到村委会主任蒋把自己的想法和村主任说了。村主任为难地说："最近村里的新出生的孩子比较多，村里的机动地本来就少，恐怕分不了多少"。老王以为村主任是在敷衍自己，于是找到在县农业局任职的兄弟询问相关情况。最后被告知，我国为了保持耕地的相对稳定性，承包地不能随便被调整，对于新出生的孩子，村里可以从预留的机动地少分点。后来，老王从村里分到了半亩地。

法津分析

依照法律规定，家庭承包中的承包方是农村集体经济组织的农户。发包方将土地发包给农户经营时，应当按照每户所有成员的人数来确定承包土地的份额，也就是通常所说的"按户承包，按人分地"，也叫"人人有份"。由于每个集体经济组织成员在本集体经济组织中均享有成员权，也由于农村土地是农民的基本生产资料，也是他们的基本生活保障，因此，每个农村集体经济组织的成员都享有土地承包权。如村集体中的每个村民，只要一出生，不论年长年幼、是男是女，都有承包权。这一点与村民会议成员权不同，按照村委会组织法的规定，村民会议由本村 18 周岁以上的村民组成；年满 18 周岁的村民都有选举权和被选举权。而家庭土地承包权，则没有年龄限制。

"任何组织和个人不得剥夺和非法限制农村集体经济组织成员承包土地的权利。"因此任何组织和个人不得以民族、种族、性别、职业、家庭出身、宗教信仰、教育程度、财产状况、居住期限等理由，剥夺和非法限制农村集体经济组织成员的承包权利。任何组织和个人剥夺和非法限制农村集体经济组织成员的承包权利的，应当依照法律的规定，承担法律责任。

但是实践中，对于农村新出生的孩子的承包地如何落实一直是个比较难以解决的问题，究竟留给新出生孩子的耕地从哪里出？对此，法律规定，集体经济组织依法预留的机动地、通过依法开垦等方式增加的土地、承包方依法自愿交回的土地，应当用于调整承包土地或者承包给新增人口。即在因自然灾害严重毁损承包地等特殊情形需要调整土地时，应当将这些土地用于调整承包地；在因出生、婚嫁、户口迁移等原因新增人口时，应当将这些土地承包给新增人口。之所以这样规定，是考虑到在目前我国农村人多地少，土地是农民基本生活保障的情况下，将集体预留的机动地、经开垦等增加的土地和承包方交回的土地用于调整承包土地或者承包给新增人口，既有利于保持已有承包关系的长期稳定，也有利于解决无地少地农民的土地问题，符合广大农民的根本利益。因此，发包方应当将这些土地严格用于调整承包地或者承包给新增人口的目的，不得随意将这些土地以招标、拍卖、公开协商等方式承包出去。需要说明的是，在发生特殊情形需要调整土地时，应当首先将上述土地用于调整，只有在没有上述土地时，才可以对个别农户之间承包的耕地和草地进行调整。而在集体有新增人口但未达到人地矛盾突出的程度时，虽然不能对个别农户之间承包的耕地和草地进行调整，但可以将上述规定的土地承包给新增人口。依照我国法律规定用于调整承包土地或者承包给新增人口的土地包括：

1. 集体经济组织依法预留的机动地。机动地是发包方在发包土地时，预先留出的不作为承包地的少量土地，用于解决承包期内的人地矛盾问题，如在承包期内，本村有嫁入妇女的，或者部分农户因自然灾害丧失承包地的，就可以将机动地承包给这些人。预留的机动地由集体经济组织掌握，或由集体暂时统一经营，或短期承包给某些农户。预留机动地曾是农村土地承包中的灵活做法，一旦发生人地矛盾，可以用机动地来解决，不必进行土地调整，既解决了无地农民的土地问题，也有利于保持土地承包关系的稳定。但预留的机动地不宜过多，预留过多，就会减少农民承包地的数量，损害农民的权益。在实践中，一些地方的乡、村为了增加集体收入，随意扩大机动地的比例，将预留的机动地以招标、拍卖、协商等方式承包出去，以获取利益，侵害了农民的土地承包经营权，损害了农民的利益。对此，中央有关文件曾指出：在延长土地承包期的过程中，一些地方为了增加乡、村集体收入，随意扩大机动地的比例，损害了农民群众的利益。因此，对预留机动地必须严格控制。目前尚未留有机动地的地方，原则上都不应留机动地。今后解决人地关系的矛盾，可按"大稳定、小调整"的原则在农户之间进行个别调整。目前已留有机动地的地方，必须将机动地严格控制在耕地总面积5%的限额之内，并严格用于解决人地矛盾，超过的部分应按公平合理的原则分包到户。法律对机动地的问题也做了规定："《中华人民共和国农村土地承包法》实施前已经预留机动地的，机动地面积不得超过本集体经济组织耕地总面积的5%。不足5%的，不得再增加机动地。实施前未留机动地的，实施后不得再留机动地。"根据以上规定，已经预留机动地的，应当按照以上规定预留，并严格用于调整承包土地或者承包给新增人口。

2. 通过依法开垦等方式增加的土地。主要指通过开垦未利用地，如开垦荒地而增加的土地。开垦未利用地，应当依法进行，特别是在整个社会生态环境意识日益增强的今天，特别应当加强对生态环境的保护，禁止乱开荒。关于如何开垦土地的问题，有关法律做了明确的规定。《土地管理法》第39条规定："开垦未利用的土地，必须经过科学论证和评估，在土地利用总体规划划定的可开垦的区域内，经依法批准后进行。禁止毁坏森林、草原开垦耕地，禁止围湖造田和侵占江河滩地。根据土地利用总体规划，对破坏生态环境开垦、围垦的土地，有计划有步骤地退耕还林、还牧、还湖。"按照以上规定通过开垦等方式增加的土地，应当用于调整承包土地或者承包给新增人口，以解决人地矛盾的问题。

3. 承包方依法、自愿交回的土地。承包方依法交回的土地，主要指承包方依照《农村土地承包法》第 26 条第 3 款的规定交回的土地，即在承包期内，承包方全家迁入设区的市，转为非农业户口，将承包的耕地和草地交回发包方的情况。承包方自愿交回的土地，主要指承包方依照《农村土地承包法》第 29 条的规定交回的土地，即在承包期内，承包方因从事非农业产业、进城务工或者全家迁入小城镇落户等原因，不愿继续耕种土地，自愿将承包地交回发包方的情况。承包方依法、自愿交回的土地，也应当用于调整承包土地或者承包给新增人口。

新出生的孩子能不能分到承包地，主要有两种情况：第一，第二轮承包之前出生的孩子，可以分到承包地，因为我国实行的土地承包政策是"按户承包，人人有份"，只要孩子有本村户口，是本村集体的成员就可以承包土地；第二，在第二轮土地承包之后出生的孩子，一般的就不能分到承包地。因为我国的相关法律规定，在土地承包期内实行"增人不增地，减人不减地"的政策，保持土地承包的稳定性。这样第二轮土地承包之后出生的孩子一般就是不能分到耕地了。但是，这也不是绝对的，这些孩子可以从村集体预留的机动地、新开垦的耕地和村里收回来的耕地分到承包地。事例里，老王的孩子出生在土地承包之后，村委会不会随便的因为几个人就调整承包地，所以老王的孩子分不到承包地。最后，村委会只能用村里的预留机动地分给老王家承包。

法 律依据

《农村土地承包法》第 5 条："农村集体经济组织成员有权依法承包由本集体经济组织发包的农村土地。

任何组织和个人不得剥夺和非法限制农村集体经济组织成员承包土地的权利。"

第 28 条："下列土地应当用于调整承包土地或者承包给新增

人口：

(一) 集体经济组织依法预留的机动地；

(二) 通过依法开垦等方式增加的；

(三) 承包方依法、自愿交回的。"

64 土地承包经营权证写错了该咋办？

典型事例

2001 年老王所在的村进行了第二轮土地承包，老王承包了本村的 20 亩耕地，但是在老王领取的土地承包经营权证上写着 25 亩。老王很是迷惑，一开始以为是村里又多给自己分了 5 亩耕地，但是后来发现，村里给自己分的就是 20 亩，只不过是土地承包经营权证上写错了，并且有关的费用都是按照 25 亩的标准来征收的。老王非常着急，找到村委会反映了自己的情况，但是村委会说："证书上写的是多少就应该是多少，村委会是没有权利进行更改的。"老王更加着急，于是找到县里的农业局要求对土地承包经营权证上的错误信息进行更改，但是县农业局却说："没有村委会和乡政府的申请材料我们也无法确定证书上是否真的写错了，所以没法给你改"。老王无奈，一气之下将村委会和县农业局一起告上法院。法院经过现场调查，老王的实际承包地是 20 亩，土地承包经营权上的信息是错误的。县农业局应该作出更改，以后老王承包地的各种费用应该按照 20 亩的标准来计算。

法律分析

本案例中，涉及两个比较重要的问题，首先是农村土地承包经营权证写错之后的更正程序；其次就是关于农村土地承包纠纷的解决机制。对第一个问题,在实践中,农村土地承包经营权证写错的情况是存在的,这是由于广大的农村地区测量、统计等显示的问题造成的。那么,如果农村土地承包经营权证上的信息写错了该如何办呢?依照我国法律的规定,农村土地承包经营权证和农村土地承包合同、农村土地承包经营权证登记簿记载的事项是应该一样的。如果这些证件上记载的事项不一样,或者说是这些证件上登记的事项与现实不一致的,承包土地的农民有权申请更改,县级以上农业主管部门应该给予变更。但是,值得注意的是,如果农户与村委会因为土地承包经营权发生了纠纷,在纠纷还没有解决的时候,县级以上政府的农业主管部门不能进行变更,变更纠纷经过法定程序处理后,依照结果来处理。处理土地纠纷一般的是双方进行协商,也可以到有关政府机关进行调解。协商调解不成的可以申请土地承包仲裁,或者是到法院起诉。事例中,老王在起诉到法院之后,法院最终判决,老王的真实的耕地面积是20亩,同时,县农业局为老王进行了土地承包经营权证的更正。

对于农村土地承包纠纷的解决机制,《农村土地承包法》第51条有明确的规定,土地承包经营纠纷主要是指在土地承包过程中发包方与承包方发生的纠纷,也包括土地承包当事人与第三人发生的纠纷。该法第2章第1节规定了发包方和承包方的权利和义务,在该法第21条规定的承包合同中,发包方和承包方还可以具体约定双方的权利和义务。如果一方违反了法定的义务或约定的义务,就会引起纠纷。该法第54条还规定了基于发包方的过错而导致纠纷的情形。这些情形是:①干涉承包方依法享有的生产经营自主权;②违反该法规定收回、调整承包地;③强迫或者阻碍承包方进行土地承包经营权流转;④假借少数服从多数强迫承包方放弃或者变更土地承包经营权而进行土地承包经营权流转;⑤以划分"口粮田"和"责任田"等为由收回承包地搞招标承包;

⑥将承包地收回抵顶欠款；⑦剥夺、侵害妇女依法享有的土地承包经营权；⑧其他侵害土地承包经营权的行为。因土地承包发生纠纷的原因很多，据一项对百起农村承包合同纠纷的调查显示，主要原因有：一是在实行家庭联产承包责任制的前期由于缺乏经验，盲目发包。主要表现为对标的物缺少正确的认识和评估，承包基数过低。由于时过境迁，受物价上涨、技术投入、科学管理等方面因素的影响，收益与投入悬殊，经济利益分配失去平衡，发包方要求调整承包基数而引起纠纷。二是行政干预。例如行政决定要求发包方收回承包地，搞适度规模经营而引起的纠纷。再如行政干预承包户的经营自主权，一些地方要求搞"一乡一品，一县一品"等。三是违背民主评议原则，以不正当手段进行发包和承包。个别村干部利用职权，以欺骗、胁迫等不正当手段，甚至入暗股，自发自包，引起群众不满，酿成纠纷。四是"红眼病"诱发纠纷。一些人"平均主义"、"大锅饭"思想根深蒂固，不能正确对待承包人经过精心管理、辛勤劳动获得的收益，对这部分通过劳动先富起来的人产生嫉妒心理，要求重新分配。有的发包方屈从这种压力收回承包地而重新发包引起纠纷。五是双方不按合同约定履行自己的义务，如发包方不按合同约定履行在购买化肥、农药、种子等生产资料方面的服务义务，或者承包方不按合同约定履行缴纳税费的义务等。六是承包方对土地进行掠夺性经营或者改变土地用途引起纠纷。总之，农村土地承包发生纠纷影响了农村的稳定，影响了农民生产的积极性。为了维护二十多年来在农村建立的以家庭承包和统分结合的双层经营体制，坚持调动和保护农民的生产积极性，稳定土地承包关系，新制定的农村土地承包法有必要为这些纠纷提供一些行之有效的解决途径。这些途径有以下几种：

1. 协商。发包方与承包方发生纠纷后，能够协商，达成协议，是最好的解决办法。既节省时间，又节省人力物力。但不是事事都能够通过协商解决的，况且还有当事人不愿意通过协商解决问题。因此，当事人不愿协商，或者协商不成的，可以通过调解、仲裁、诉讼的途径解决。

2. 调解。当事人可以将纠纷通过调解解决，但调解不是仲裁或诉讼的必经程序。调解人可以是公民个人，也可以是人民政府及其有关部门，还可以是其他社会团体、组织。法律规定了几种主要的调解单位，对于村民小组或村内的集体经济组织发包的，发生纠纷后，可以请求村民委员会调解；对于村集体经济组织或村民委员会发包的，发生纠纷后，可以请求乡（镇）人民政府调解。其他的调解部门可以是政府的农业、林业等行政主管部门，也可以是政府设立的负责农业承包管理工作的农村集体经济管理部门。例如某市的农业联产承包合同条例规定，在市、区、县、乡（镇）人民政府设立农村合作经济经营管理部门，主管本行政区域内农村土地承包合同的管理工作。当事人不愿协商或者协商不成的，可以将纠纷提交所在乡（镇）的农村合作经济经营管理部门调解。

3. 仲裁。当事人不愿协商、调解，或者协商、调解不成的，可以向农村土地承包仲裁机构申请仲裁。我国于 1994 年通过并施行了《仲裁法》，在第 77 条规定"农业集体经济组织内部的农业承包合同纠纷的仲裁，另行规定"，不属于仲裁法的调整范围。理由是农业承包合同纠纷有不少特殊性，对提请仲裁的条件、案件的管辖、仲裁与诉讼的关系上与一般的商事仲裁也应有所区别。从目前我国的立法看，还没有一个全国统一的农业承包合同纠纷仲裁的法律，有关农业承包合同纠纷仲裁的规定主要是各地方制定的地方性法规，还有一些是地方政府制定的规章。目前，我国有部分省、自治区、直辖市在县、乡两级设立了农业承包合同纠纷仲裁委员会。根据各地方关于农业承包合同仲裁的规定，做一简单介绍。

（1）仲裁机构。有的地方规定由有关部门专业人员组成，办公室设在县、乡两级农村承包合同经营管理部门。有的地方规定是向农村承包合同管理部门申请仲裁。

（2）仲裁协议。有的地方规定，农业承包合同发生纠纷时，在没有仲裁协议的情况下，任何一方当事人均可向所在地仲裁委员会申请仲裁。有的地方规定，双方当事人必须在承包合同中有仲裁条款或者发生纠纷后达成书面仲裁协议，才能申请仲裁。

（3）管辖。农村土地承包合同的仲裁实行地域管辖，一般为发包方所在地的仲裁委员会。如《某市农村集体经济承包合同管理条例》第33条第1款规定："承包合同纠纷可以根据合同中的仲裁条款或者事后达成的书面仲裁协议，向发包方的上一级承包合同管理部门申请仲裁。"

（4）仲裁程序中的调解。从各地方制定的承包合同条例来看，各地都比较注重仲裁程序中的调解，并规定仲裁庭出具的调解书与裁决书具有同等法律效力。因为仲裁庭所要解决的主要是农村集体经济组织与其成员之间的纠纷，如果能用调解的方法解决纠纷，对防止矛盾激化，稳定农村的生产、生活秩序都是极其有利的。

（5）先予执行。为了保证农业生产的正常进行，各地都规定了在纠纷发生后，对农村种植业、养殖业等季节性的承包合同纠纷应及时处理，农村土地承包合同仲裁委员会认为必要时，可裁定先恢复生产，然后解决纠纷。这是农村土地承包合同仲裁的一大特色，有利于农村经济秩序的稳定。

对于仲裁解决机制，需要注意以下两个问题。第一，侵权纠纷能否申请仲裁？应当说仲裁的范围主要是农村土地承包合同纠纷，但侵犯土地承包经营权的纠纷也可以申请仲裁。比如《农村土地承包法》第 54 条规定的发包方的下列行为：①干涉承包方依法享有的生产经营自主权；②强迫或者阻碍承包方进行土地承包经营权流转；③剥夺、侵害妇女依法享有的土地承包经营权。对于以上行为所引起的纠纷，都可以申请仲裁机构予以仲裁。

第二，以其他方式承包的合同发生纠纷能否向商事仲裁机构申请仲裁？我国《仲裁法》第 77 条规定，农业集体经济组织内部的农业承包合同纠纷的仲裁，另行规定。这里明确规定的是"内部"，即家庭承包方式中发生的纠纷不属于商事仲裁机构的仲裁范围。那么，"四荒"地等通过招标、拍卖、公开协商的方式承包，特别是由本集体经济组织以外的人承包的，签订的承包合同纠纷能否适用仲裁法呢？这个问题法律尚未作明确规定。当事人协议选择适用仲裁法的，也可以根据当事人的意愿，通过总结实践经验，进一步完善有关"四荒"地纠纷的仲裁制度。

4. 诉讼。按法律规定的仲裁与诉讼的程序关系是：仲裁不是诉讼的必经程序，即农村土地承包合同发生纠纷后，可以不经协商，不经调解，也不经仲裁，当事人可以直接向人民法院起诉。

法律依据

《农村土地承包法》第 51 条："因土地承包经营发生纠纷的，双方当事人可以通过协商解决，也可以请求村民委员会、乡（镇）人民政府等调解解决。

当事人不愿协商、调解或者协商、调解不成的，可以向农村土地承包仲裁机构申请仲裁，也可以直接向人民法院起诉。"

《农村土地承包经营权证管理办法》第 9 条："农村土地承包经营权证登记簿记载农村土地承包经营权的基本内容。农村土地承包经营权证、农村土地承包合同、农村土地承包经营权证登记簿记载的事项应一致。"

第 11 条:"农村土地承包当事人认为农村土地承包经营权证和登记簿记载错误的,有权申请更正。"

65 没有备案的土地转包合同有效吗?

典型事例

老王在村里承包了 20 亩耕地种植玉米,由于管理的方式得当,老王的水稻获得了大丰收,这样老王在城里开办了一家粮店。由于生意比较忙,老王顾不上照顾家里的水稻田,于是将自己的水稻田转包给了同村的老李。两人签订了土地转包协议,后来由于两人的疏忽,都没有到村里进行备案。正当老李准备在耕地上种植玉米的时候,村委会找到老李说你们进行转包耕地没有向村里备案,所以是违法的,是不能够进行种植的。老李很是无奈,于是找到县里的农业局进行咨询,农业局在了解情况后告诉老李说,你们的转包是合法的,但是你应该尽快地去村里备案,老李来到村里进行了备案。最后,在耕地上种植了玉米获得了大丰收。

法律分析

农民承包土地依法是可以转包、出租、互换、转让的,其中转包、出租、互换是要到发包的村委会进行备案的。但是,没有备案的转包合同是不是都无效呢?依照我国《合同法》的规定,合同一般是自成立时就生效了,除非法律有特别规定,必须要批准、登记等手续完成后才生效。还有两种比较特殊的合同是附期限和附条件的合同,前者是指在合同中约定必须要等到某一时间合同才生效，这样就只能在期限达到的时候合同才生效；后者是指在合同中双方约定一个条件，在条件达到时合同生效。事例中，老王和老李的合同是一般合同，既不是附期限和附条件的合同，也不是法律规定生效必须经过批准和登记的合同，所以，两人之间的转包合同的备案只是便于管理的需要，没有备案不会影响合同的生效。

法津依据

《合同法》第 44 条："依法成立的合同，自成立时生效。

法律、行政法规规定应当办理批准、登记等手续生效的，依照其规定。"

第 45 条："当事人对合同的效力可以约定附条件。附生效条件的合同，自条件成就时生效。附解除条件的合同，自条件成就时失效。

当事人为自己的利益不正当地阻止条件成就的，视为条件已成就；不正当地促成条件成就的，视为条件不成就。"

最高人民法院《关于审理涉及农村土地承包纠纷案件适用法律问题的解释》第 14 条："承包方依法采取转包、出租、互换或者其他方式流转土地承包经营权，发包方仅以该土地承包经营权流转合同未报其备案为由，请求确认合同无效的，不予支持。"

66 当兵后，转成志愿兵还能保留承包地吗？

典型事例

小王入伍前是凤凰村的村民，有 10 亩的承包地。后来，小王当兵了，并且两年后晋升为中级士官，于是村委会就要收回小王的承包地，小王觉得自己在部队生活，耕地对自己也暂时没什么用途，于是也就默认了村委会的做法。后来，小王退役回到了家乡，发现自己已经没有了承包地，于是向村委会申请分配承包耕地，但是村委会以村里耕地紧张为由拒绝给小王分，小王后来找到县里的农业局，在农业局的主持下，村里给小王重新分配了承包地。

法律分析

我国的兵役制度规定，我国的公民都有服兵役的义务。参军以后，主要是分为义务兵和志愿兵。参军入伍一般都是义务兵，义务兵的服役期间一般都是 2 年。义务兵服役期满，根据军队的需要和本人自愿，经过有关单位的批准，改为长期在部队服役并且享受工资待遇的职业军人就是志愿兵，通常所说的志愿兵就是士官。对于服役军人的承包地问题，我国的相关法律是这样规定的：对于义务兵来说，入伍前是农村户口的，应该保留他们的承包地，而当义务兵转化成志愿兵后，也是分为两种情况：一是初级士官服役期间，保留承包地、自留地；二是中级士官可以收回其承包地，但是当他们复员后，没有承包地的，应该重新分配。事例中，小王在部队是中级士官，村委会可以收回他的承包地，但是当小王退役后，应该被重新分配承包地，村委会拒绝给小王分配承包地的做法是不对的。

法律依据

《军人抚恤优待条例》第 31 条第 3 款："义务兵和初级士官入伍前的承包地（山、林）等，应当保留；服现役期间，除依照国家有关规定和承包合同的约定缴纳有关税费外，免除其他负担。"

《中国人民解放军士官退出现役安置暂行办法》第 12 条："士官复员后，由征集地的县（市）人民政府按退伍义务兵的有关规定妥善安置。

　　农村入伍的初级士官服现役期间，保留承包土地、自留地；中级以上士官复员后，没有承包土地、自留地的，重新划给。"

附 录

一、土地征收的程序

第一步：发布拟征地公告

由市、县国土资源局在被征收土地所在地的村、组范围内（如果系乡、镇农民集体所有的土地，还应在乡、镇）发布《拟征地公告》，以书面形式告知被征土地的农民集体经济组织和农户：征地范围、位置、补偿方式、补偿标准、安置途径以及征地用途等。通告后抢栽、抢种的农作物或者抢建的建筑物不列入补偿范围。

第二步：确认征地调查结果

当地国土资源部门应委托相应资质的勘测单位对拟征地的权属、地类、面积以及地上附着物权属、种类、数量等现状进行调查，调查结果应与被征地农村集体经济组织、农户和地上附着物产权人共同确认。

第三步：组织征地听证

在征地依法报批前，当地国土资源部门应告知被征地农村集体经济组织和农户，对拟征土地的补偿标准、安置途径有申请听证的权利。当事人申请听证的，应按照《国土资源听证规定》规定的程序和有关要求组织听证（以上被征地农民知情、确认的有关材料作为征地报批的必备材料）。

第四步：拟订"一书（三）四方案"组卷上报审批

由县或市级国土资源局根据前述程序，按照《建设用地审批管理办法》对报批材料的要求拟订"一书四方案":"建设用地说明书,农用地转用方案,补充耕地方案,征收土地方案,供应土地方案。"并组卷向有批准权的机关报批。

第五步:征收土地公告

征收土地的市、县人民政府应当在收到省级政府或国务院征地批复文件之日起 10 个工作日内在被征地所在地的乡(镇)村、组进行征收土地公告。征收土地公告的内容包括:批准征地机关、批准文号、征地用途、范围、面积以及征地补偿标准、农业人员安置办法和办理征地补偿的期限等。

第六步:征地补偿登记

被征地的所有权人、使用权人应当在《征收土地公告》规定的期限内,持土地权属证书到公告指定的人民政府土地行政主管部门办理征地补偿登记手续。被征地农村集体经济组织、农村村民或者其他权利人未如期办理征地补偿登记手续的,其补偿内容以市、县国土资源行政主管部门的调查结果为准

第七步:拟定征地补偿安置方案并公告

县或市级国土资源局根据省或国务院征用土地批准文件批准的《征收土地方案》在征用土地公告之日起 45 日内以被征地的所有权人为单位拟订征地补偿、安置方案并予以公告。《征地补偿、安置方案公告》内容包括:被征用土地的位置、地类、面积;地上附着物和青苗的种类、数量;需要安置的农业人口的数量;土地补偿费的标准、数额、支付对象和支付方式;安置补助费的标准、数额、支付对象和支付方式;地上附着物和青苗的补偿标准和支付方式;农业人员的具体安置途径;其他有关征地补偿、安置的具体措施。

第八步:征地补偿安置方案公告

县或市级国土资源局应当主动听取被征地农村集体经济组织、

农村村民或者其他权利人对征地补偿、安置方案的不同意见。对当事人要求听证的，应当举行听证会。无须修改的，征地补偿安置方案报市、县人民政府批准后予以公告，由国土资源部门组织实施。确需修改征地补偿、安置方案的，应当依照有关法律、法规和批准的征用土地方案进行修改后公告。

第九步：落实征地补偿、安置资金（包括社保金）

市、县国土资源局按规定在拟征地补偿、安置方案批准之日起三个月内全额支付征地补偿、安置以及社保费等各项费用。

第十步：交出土地

任何单位或者个人违反土地管理法律、法规规定，阻挠国家建设征收土地的，由县级以上政府土地行政主管部门责令交出土地；拒不交出土地的，申请人民法院强制执行。

二、征收补偿法律规定

中华人民共和国土地管理法

第四十六条　国家征收土地的，依照法定程序批准后，由县级以上地方人民政府予以公告并组织实施。

被征收土地的所有权人、使用权人应当在公告规定期限内，持土地权属证书到当地人民政府土地行政主管部门办理征地补偿登记。

第四十七条　征收土地的，按照被征收土地的原用途给予补偿。

征收耕地的补偿费用包括土地补偿费、安置补助费以及地上附着物和青苗的补偿费。征收耕地的土地补偿费，为该耕地被征收前三年平均年产值的六至十倍。征收耕地的安置补助费，按照需要安置的农业人口数计算。需要安置的农业人口数，按照被征收的耕地数量除以征地前被征收单位平均每人占有耕地的数量计算。每一个需要安置的农业人口的安置补助费标准，为该耕地被征收前三年平均年产值的四至六倍。但是，每公顷被征收耕地的安置补助费，最高不得超过被征收前三年平均年产值的十五倍。

征收其他土地的土地补偿费和安置补助费标准，由省、自治区、直辖市参照征收耕地的土地补偿费和安置补助费的标准规定。

被征收土地上的附着物和青苗的补偿标准，由省、自治区、直辖市规定。

征收城市郊区的菜地，用地单位应当按照国家有关规定缴纳新菜地开发建设基金。

依照本条第二款的规定支付土地补偿费和安置补助费，尚不能使需要安置的农民保持原有生活水平的，经省、自治区、直辖市人民政府批准，可以增加安置补助费。但是，土地补偿费和安置补助费的总和不得超过土地被征收前三年平均年产值的三十倍。

国务院根据社会、经济发展水平，在特殊情况下，可以提高征收耕地的土地补偿费和安置补助费的标准。

第四十八条 征地补偿安置方案确定后，有关地方人民政府应当公告，并听取被征地的农村集体经济组织和农民的意见。

第四十九条 被征地的农村集体经济组织应当将征收土地的补偿费用的收支状况向本集体经济组织的成员公布，接受监督。

禁止侵占、挪用被征收土地单位的征地补偿费用和其他有关费用。

三、征用土地方案公告

_____市（县）人民政府征用土地方案公告（格式）

[（年）] 第 号

_____年_____月_____日，国务院（_____省人

民政府）根据《中华人民共和国土地管理法》第 46 条、《中华人
民共和国土地管理法实施条例》第 25 条（和《_____省土地管
理法实施办法》）的有关规定，以_____ [_____（年）] ____
____号批准征用集体土地_____公顷。现将经国务院（_____
__省人民政府）批准的《征用土地方案》内容和有关事项公告
如下：

（一）建设用地项目名称

（二）征用土地位置（四至范围，有条件的应附土地利用现状
图）

（三）被征地村（组）及面积

1. _____乡（镇）_____村（组）_____公顷、其中
耕地_____公顷；

2. _____乡（镇）_____村（组）_____公顷、其中
耕地_____公顷；

3. _____乡（镇）_____村（组）_____公顷、其中
耕地_____公顷；

4. ……

（四）土地补偿安置标准

1. 土地补偿费和安置补助费标准

地类名称面积（公顷）土地补偿费标准、安置补助费标准耕
地、林地、园地、牧草地、水域、交通用地、村庄、工矿用地、
未利用土地。

2. 地上附着物补偿标准

3. 青苗补偿费标准

（五）被征用土地所涉及的农业人员安置办法

（六）被征用土地四至范围内的土地所有权人、使用权人在本
公告规定的期限内，持土地权属证书或其他有关证明材料，到指

定的地点办理征地补偿登记，请互相转告。

凡从土地行政主管部门现场调查之日起，抢建、抢种的地上附着物不予办理补偿登记。

四、农村土地承包经营纠纷仲裁相关法律文书示范文本

仲裁申请书

申请人

姓名：_____ 性别：_____ 年龄：_____

住所：_____ 邮编：_____ 电话：_____

代理人

姓名：_____ 性别：_____ 年龄：_____

住所：_____ 邮编：_____ 电话：_____

（法人或者其他组织）

名称：_____ 地址：_____

法定代表人（主要负责人）姓名：_____

职务：_____ 电话：_____

被申请人

姓名：_____ 性别：_____ 年龄：_____

住所：_____ 邮编：_____ 电话：_____

（法人或者其他组织）

名称：_____ 地址：_____

法定代表人（主要负责人）姓名：_____

职务：_____ 电话：_____

仲裁请求：_____

事实和理由：_____

証据名称：＿＿＿＿＿＿证据来源：＿＿＿＿＿＿

证人姓名：＿＿＿＿＿＿联系方式：＿＿＿＿＿＿

附件：1. 申请书副本＿＿份

2. 其他有关材料＿＿份

3. 身份证复印件或户籍复印件

申请人：（签名、盖章或者按指印）

年　　月　　日

口头仲裁申请书

申请人

姓　名：＿＿＿＿＿性别：＿＿＿＿＿年龄：＿＿＿＿＿

住　所：＿＿＿＿＿邮编：＿＿＿＿＿电话：＿＿＿＿＿

代理人

姓　名：＿＿＿＿＿性别：＿＿＿＿＿年龄：＿＿＿＿＿

住　所：＿＿＿＿＿邮编：＿＿＿＿＿电话：＿＿＿＿＿

被申请人

姓　名：＿＿＿＿＿性别：＿＿＿＿＿年龄：＿＿＿＿＿

住　所：＿＿＿＿＿邮编：＿＿＿＿＿电话：＿＿＿＿＿

（法人或者其他组织）

名　称：＿＿＿＿＿地址：＿＿＿＿＿＿＿＿＿

法定代表人（主要负责人）姓名：＿＿＿＿＿＿＿＿＿

职　务：＿＿＿＿＿＿＿电话：＿＿＿＿＿＿＿＿

仲裁请求：_____

_____

事实和理由：_____

_____

证据名称：_____ 证据来源：_____

证人姓名：_____ 联系方式：_____

以上记录经本人核对，与口述一致。

附件：1. 申请书副本____份

2. 其他有关材料____份

3. 身份证复印件或户籍复印件

申请人：（签名、盖章或者按指印）

记录人：（签名、盖章）

年　　月　　日

第三人参加仲裁申请书

×××仲裁委员会：

你委受理的_____与_____纠纷一案，处理结果与我方有利害关系。为保障我方的合法权益，依照《农村土地承包经营纠纷调解仲裁法》第19条和《农村土地承包经营纠纷仲裁规则》第9条规定，现向你委提出以本案第三人的身份参加本次仲裁活动。

理由：_____

_____

_____

申请人

姓名：_____性别：_____年龄：_____

住所：_____邮编：_____电话：_____

代理人

姓名：_____性别：_____年龄：_____

住所：_____邮编：_____电话：_____

申请人：（签名、盖章或者按指印）

年　　月　　日

回避申请书

×××仲裁委员会：

你委受理的_____与_____纠纷一案，因组成仲裁庭的仲裁员_____有下列情形之一，特申请其回避。

（　　）是本案当事人或者当事人、代理人的近亲属；

（　　）与本案有利害关系；

（　　）与本案当事人、代理人有其他关系，可能影响公正仲裁；

（　　）私自会见当事人、代理人，或者接受当事人、代理人请客送礼。

申请人：（签名、盖章或者按指印）

年　　月　　日

反请求申请书

反请求申请人

姓名：_____住所：_____电话：_____

（法人或者其他组织）

名称：＿＿＿＿＿＿地址：＿＿＿＿＿＿

法定代表人（主要负责人）

姓名：＿＿＿职务：＿＿＿电话：＿＿＿＿＿

反请求被申请人

姓名：＿＿＿＿住所：＿＿＿＿＿电话：＿＿＿＿＿

（法人或者其他组织）

名称：＿＿＿＿＿＿地址：＿＿＿＿＿＿

法定代表人（主要负责人）

姓名：＿＿＿职务：＿＿＿电话：＿＿＿＿＿

反请求事项：＿＿＿＿＿＿＿＿＿＿＿＿＿＿＿＿＿

＿＿＿＿＿＿＿＿＿＿＿＿＿＿＿＿＿＿＿＿＿＿＿＿

事实和理由：＿＿＿＿＿＿＿＿＿＿＿＿＿＿＿＿＿

＿＿＿＿＿＿＿＿＿＿＿＿＿＿＿＿＿＿＿＿＿＿＿＿

附件：有关证明材料

申请人：（签名、盖章或者按指印）

年　　月　　日

撤回仲裁申请书

×××仲裁委员会：

本人申请撤回＿＿＿＿年＿＿＿＿月＿＿＿＿日向你委提请的＿＿＿

＿＿＿＿＿＿＿＿＿＿纠纷一案的仲裁申请。

理由：＿＿＿＿＿＿＿＿＿＿＿＿＿＿＿＿＿＿＿＿＿＿

＿＿＿＿＿＿＿＿＿＿＿＿＿＿＿＿＿＿＿＿＿＿＿＿＿＿

＿＿＿＿＿＿＿＿＿＿＿＿＿＿＿＿＿＿＿＿＿＿＿＿＿＿

申请人：（签名、盖章或者按指印）
年　　月　　日

变更开庭时间（地点）申请书

×××仲裁委员会：

兹向你委提出变更_____纠纷一案开庭时间（地点）申请，变更为 _____。

理由：_____

_____

_____

申请人：（签名、盖章或者按指印）
年　　月　　日

先行裁定申请书

×××仲裁委员会：

本人于____年____月____日就纠纷一案向你委申请仲裁。根据《农村土地承包经营纠纷调解仲裁法》第42条规定，现申请先行裁定被申请人_____

（维持现状、恢复农业生产以及停止取土、占地等破坏性行为）_____。

事实和理由：_____

_____

_____

申请人：（签名、盖章或者按指印）
年　　月　　日

财产保全申请书

×××仲裁委员会：

本人于＿＿＿年＿＿＿月＿＿＿日就＿＿＿＿＿＿＿＿纠纷一案向你委申请仲裁，现有证据证明因＿＿＿＿（有损毁、隐匿、转移、挥霍、出卖仲裁标的物等行为）＿＿＿＿，使仲裁标的物无法保存，可能导致将来的裁决不能执行或者难以执行，根据《农村土地承包经营纠纷调解仲裁法》第26条和《农村土地承包经营纠纷仲裁规则》第20条规定，现申请财产保全。如果因财产保全错误造成损失，由我方负责赔偿。

申请人：（签名、盖章或者按指印）
年　　月　　日

证据保全申请书

×××仲裁委员会：

本人于＿＿＿年＿＿＿月＿＿＿日就＿＿＿＿＿＿＿＿纠纷一案向你委申请仲裁。为确保证据完好，保证仲裁活动顺利进行，根据《农村土地承包经营纠纷调解仲裁法》第41条规定，现申请证据保全。

请求事项：＿＿＿＿＿＿＿＿＿＿＿＿＿＿＿＿＿＿＿＿＿

＿＿＿＿＿＿＿＿＿＿＿＿＿＿＿＿＿＿＿＿＿＿＿＿＿＿＿

＿＿＿＿＿＿＿＿＿＿＿＿＿＿＿＿＿＿＿＿＿＿＿＿＿＿＿

事实和理由：＿＿＿＿＿＿＿＿＿＿＿＿＿＿＿＿＿＿＿＿

＿＿＿＿＿＿＿＿＿＿＿＿＿＿＿＿＿＿＿＿＿＿＿＿＿＿＿

申请人：（签名、盖章或者按指印）
年　　月　　日

受理通知书（送申请人）

×××农仲案 ［×××］ 第×××号

（申请人）：

你提交的仲裁申请书已收到。经审查，仲裁申请符合《农村土地承包经营纠纷调解仲裁法》第20条规定，本委予以受理。现将仲裁规则、仲裁员名册、选定仲裁员通知书和授权委托书送你。请自收到该通知书之日起五个工作日内，选定仲裁员，并将选定仲裁员通知书送本委。如委托代理人，应填写由你签名或者盖章的授权委托书，授权委托书须记明委托事项和权限，于____年____月____日前提交本委。

年　　月　　日

（仲裁委员会盖章）

受理通知书（送被申请人）

×××农仲案 ［×××］ 第×××号

（被申请人）：

申请人_____与你_____纠纷一案，本委已受理。现将仲裁申请书副本、仲裁规则、仲裁员名册、选定仲裁员通知书和授权委托书送你。请自收到该通知书之日起五个工作日内，选定仲裁员，将选定仲裁员通知书送本委，并于十日内向本委提交答辩书。如委托代理人，应填写由你签名或者盖章的授权委托书，授权委托书须记明委托事项和权限，于年_____月_____日前提交本委。

年　　月　　日

（仲裁委员会盖章）

选定仲裁员通知书

×××仲裁委员会：

根据《农村土地承包经营纠纷调解仲裁法》和《农村土地承包经营纠纷仲裁规则》相关规定：

1. 我方在《仲裁员名册》中选定_____为仲裁员；选定_____为首席仲裁员；

2.（   ）我方委托仲裁委员会主任指定仲裁员；

3.（   ）我方委托仲裁委员会主任指定首席仲裁员。

申请人（被申请人）：（签名、盖章或者按指印）

年   月   日

注：如委托仲裁委员会主任指定仲裁员或首席仲裁员，请在相应的选择项前的括号内打"√"确认。

仲裁员回避通知书

×××农仲案［×××］第×××号

依据《农村土地承包经营纠纷调解仲裁法》第28条和《农村土地承包经营纠纷仲裁规则》第24条规定，经审查，仲裁员_____确有必须回避的情形，本委决定其回避。

请__（选定该仲裁员的当事人）__按照《农村土地承包经营纠纷仲裁规则》第22条规定于____工作日内重新选定仲裁员。

年   月   日

（仲裁委员会盖章）

不予受理通知书

×××农仲案［×××］第×××号

（申请人）：

你提交的仲裁申请书已收到。经审查，该仲裁申请属于《农村土地承包经营纠纷调解仲裁法》第 22 条规定的情形，本委决定不予受理。

理由：_____

_____

_____

年　月　日

（仲裁委员会盖章）

仲裁答辩书

答辩人

姓名：_____ 性别：_____ 年龄：_____

住所：_____ 邮编：_____ 电话：_____

（法人或者其他组织）

名称：_____ 地址：_____

法定代表人（主要负责人）姓名：_____

职务：_____ 电话：_____

现就申请人_____与我_____纠纷一案，提出答辩意见如下：_____

_____

_____

事实和理由：＿＿＿＿＿＿＿＿＿＿＿＿＿＿＿＿＿＿＿＿＿＿
＿＿＿＿＿＿＿＿＿＿＿＿＿＿＿＿＿＿＿＿＿＿＿＿＿＿＿＿＿＿＿

附件：1. 答辩书副本＿＿份；

2. 证据清单；

3. 证人情况。

答辩人：（签名、盖章或者按指印）

年　　　月　　　日

证据材料清单

编号	证据名称	证据种类	证据来源	原件/复印件

证人情况

编号	姓名	住　址	联系方式

第三人参加仲裁通知书

×××农仲案［×××］第×××号

（第三人）：

你于＿＿＿年＿＿＿月＿＿＿日提交的参加仲裁申请书已收到。经审查，同意你作为第三人参加仲裁活动。

如委托代理人，应填写由你签名或者盖章的授权委托书，授权委托书须记明委托事项和权限，于＿＿＿年＿＿＿月＿＿＿日前提交本委。

年　月　日

（仲裁委员会盖章）

说明：如果不同意参加仲裁活动，修改为：

你于＿＿＿年＿＿＿月＿＿＿日提交的参加仲裁申请书已收到。经审查，不符合参加仲裁的条件，不同意你作为第三人参加仲裁活动。

理由：＿＿＿＿＿＿＿＿＿＿＿＿＿＿＿＿＿＿＿＿＿＿＿＿＿

＿＿＿＿＿＿＿＿＿＿＿＿＿＿＿＿＿＿＿＿＿＿＿＿＿＿＿＿＿

＿＿＿＿＿＿＿＿＿＿＿＿＿＿＿＿＿＿＿＿＿＿＿＿＿＿＿＿＿

年　月　日

（仲裁委员会盖章）

开庭通知书

×××农仲案〔×××〕第×××号

（当事人、第三人、其他参与人）：

本委定于＿＿年＿＿月＿＿日＿＿时＿＿分在＿＿＿＿＿＿开庭审理＿＿＿＿＿＿与＿＿＿＿＿＿纠纷一案。请准时出庭，并携带身份证或者户口簿原件。

年　月　日

（仲裁委员会盖章）

证人出庭通知书

×××农仲案〔×××〕第×××号

（证人）：

＿＿＿＿＿＿与＿＿＿＿＿＿纠纷一案，＿＿＿＿＿＿向本委提出申请，由你作为本案证人出庭作证，本委已准许。请你于＿＿年＿＿月＿＿日＿＿时分到＿＿＿＿＿＿出庭作证。

年　月　日

（仲裁委员会盖章）

变更开庭时间（地点）通知书

×××农仲案〔×××〕第×××号

（当事人、第三人、其他参与人）：

_____ 于___年___月___日向仲裁庭提出变更开庭时间（地点）申请。依照《农村土地承包经营纠纷调解仲裁法》和《农村土地承包经营纠纷仲裁规则》有关规定，经审查，仲裁庭同意其变更开庭时间（地点）的请求，开庭时间（地点）变更为__
_____。

年 月 日
（仲裁委员会盖章）

不同意变更请求修改为：

（提出变更申请的当事人）：

你于___年___月___日向仲裁庭提出变更开庭时间（地点）申请，依照《农村土地承包经营纠纷调解仲裁法》和《农村土地承包经营纠纷仲裁规则》有关规定，经审查，仲裁庭不同意你提出的变更开庭时间（地点）请求，请按照原定开庭时间、地点准时出庭。

仲裁程序终结通知书

×××农仲案［×××］第×××号

（当事人、第三人）：

本委受理的_____与_____纠纷一案，依照《农村土地承包经营纠纷调解仲裁法》和《农村土地承包经营纠纷仲裁规则》有关规定，决定_____年_____月_____日起终结仲裁程序，本案不再进行审理。

理由：_____
_____

年　月　日

（仲裁委员会盖章）

仲裁程序中止通知书

×××农仲案〔×××〕第×××号

（当事人、第三人）：

本委受理的_____与_____纠纷一案，经审理，因_____，依照《农村土地承包经营纠纷仲裁规则》第49条规定，决定中止仲裁程序。仲裁程序中止原因消除后，本委将通知你们恢复仲裁程序。

年　月　日

（仲裁委员会盖章）

仲裁程序恢复通知书

×××农仲案〔×××〕第×××号

（当事人、第三人）：

本委受理的_____与_____纠纷一案，仲裁程序中止原因已消除，自年月日起恢复仲裁程序，请于____年____月____日到仲裁庭继续参加仲裁活动。

年　月　日

（仲裁委员会盖章）

仲裁延期通知书

×××农仲案〔×××〕第×××号

（当事人、第三人）：

本委受理的_____与_____纠纷一案，根据《农村土地承包经营纠纷调解仲裁法》第47条和《农村土地承包经营纠纷仲裁规则》第54条规定，经仲裁委员会主任批准，决定仲裁期限延长_____日。

年　月　日

（仲裁委员会盖章）

仲裁裁决书

×××农仲案〔×××〕第×××号

申 请 人

姓名：_____性别：_____身份证号码：_____

住所：_____邮编：_____电话：_____

（法人或者其他组织）

名称：_____地址：_____

法定代表人（主要负责人）姓名：_____

职务：_____电话：_____

代理人

姓名：_____性别：_____电话：_____

被申请人

姓名：_____ 性别：_____ 身份证号码：_____

住所：_____邮编：_____ 电话：_____

（法人或者其他组织）

名称：_____地址：_____

法定代表人（主要负责人）姓名：_____

职务：_____电话：_____

代理人

姓名：_____ 性别：_____电话：_____

第 三 人（其他参与人）

姓名：_____ 性别：_____ 身份证号码：_____

住所：_____邮编：_____电话：_____

（法人或者其他组织）

名称：_____地址：_____

法定代表人（主要负责人）姓名：_____

职务：_____电话：_____

代理人

姓名：_____ 性别：_____电话：_____

申请人×××为与被申请人×××（写明案由）一案，向本委申请仲裁。本委受理后，依法组成仲裁庭（或依法由仲裁员×××独任仲裁），于××年××月××日开庭审理了此案。申请人×××（及委托代理人，下同）与被申请人×××和第三人×××到庭参加仲裁活动。当事人陈述了己方的观点，分别对对方提出的证据予以质证并进行了辩论，同时还回答了仲裁庭的提问（经仲裁委员会讨论的，要写明）。本案现已审理终结。

申请人×××称：……（概述申请人提出的具体仲裁请求和所根据的事实与理由）

在举证期限内，申请人×××为了证明其主张的事实，提供了如下证据：

××（证据名称，有的要加上日期），证明……（拟证事实）；

××（证据名称，有的要加上日期），证明……（拟证事实）

被申请人×××辩称：……（概述被申请人答辩的主要内容）

在举证期限内，被申请人提供了如下证据：

××（证据名称，有的要加上日期），证明……（拟证事实）；

××（证据名称，有的要加上日期），证明……（拟证事实）

第三人×××辩称：……（概述第三人的主要意见）

在举证期限内，第三人提供了如下证据：

××（证据名称，有的要加上日期），证明……（拟证事实）；

××（证据名称，有的要加上日期），证明……（拟证事实）

经庭审质证，对各方提供的证据认定如下：……（概述申请人、被申请人、第三人相互质证的情况和仲裁庭认定的结论。可分组或逐项质证和认定）

仲裁庭经审理查明，……（写明仲裁庭认定的事实）

综上所述，……（前段内容较多时，可简要概括）

本庭认为：……（写明仲裁庭认定事实）

依照……（写明裁决所依据的法律条款）的规定裁决如下：

根据《农村土地承包经营纠纷调解仲裁法》第48条规定，当事人不服仲裁裁决的，可以自收到裁决书之日起三十日内向人民法院起诉。逾期不起诉的，裁决书即发生法律效力。

首席仲裁员

仲裁员（签名）

仲裁员

年 月 日

（仲裁委员会盖章）

仲裁调解书

×××农仲案［×××］第×××号

申请人_____与被申请人_____就_____纠纷一案，申请人提出_____（写明申请人的具体仲裁请求）_____。

本委受理后，依法组成仲裁庭审理此案。仲裁庭在双方当事人自愿的基础上进行调解，双方当事人自愿达成以下协议：_____

_____

_____。

本调解书经双方当事人签收发生法律效力，一方当事人逾期不履行的，另一方当事人可以向被申请人住所地或者财产所在地的基层人民法院申请执行。

申请人：（签名、盖章或者按指印）

被申请人：（签名、盖章或者按指印）

首席仲裁员

仲裁员（签名）

仲裁员

年 月 日

（仲裁委员会盖章）

裁决补正书

×××农仲案〔×××〕第×××号

本庭____年____月____日对_____纠纷一案作出的仲裁裁决（×××农仲案〔×××〕第×××号）中，因____（文字、计算错误或者遗漏事项）____，现补正如下：_____

_____

_____。

本裁决补正书是裁决书的一部分，具有与裁决书同等法律效力。

首席仲裁员

仲裁员（签名）

仲裁员

年　月　日

（仲裁委员会盖章）

先行裁定书

×××农仲案〔×××〕第×××号

（申请人、被申请人）：

申请人_____于____年____月____日向本庭提出先行裁定申请，申请_____（写明请求的具体内容）_____

_____。

依照《农村土地承包经营纠纷调解仲裁法》第 42 条和《农村土地承包经营纠纷仲裁规则》第 47 条规定，本庭裁定如下：

____（写明先行裁定的内容、时间和方式）____

_____。

如被申请人不履行本裁定，申请人可以向人民法院申请执行，但应当提供相应的担保。

首席仲裁员

仲裁员（签名）

仲裁员

年 月 日

（仲裁委员会盖章）

准许撤回仲裁申请裁定书

×××农仲案［×××］第×××号

（申请人、被申请人、第三人）：

申请人_____于___年___月___日就_____纠纷一案提出撤诉申请。依照《农村土地承包经营纠纷调解仲裁法》和《农村土地承包经营纠纷仲裁规则》有关规定，准许其撤回仲裁申请，仲裁程序终结，本案不再审理。

年 月 日

（仲裁委员会盖章）内部文书类

延期审批表

案　　号	×××农仲案［×××］第×××号		
申　请　人		委托代理人	
被申请人		委托代理人	
第　三　人		委托代理人	

延期理由	（首席仲裁员签名） 年　　月　　日
仲裁委员会 主任意见	（主任签名） 年　　月　　日
备　注	

开庭笔录（含调解笔录）

时　间：___年___月___日___时___分

地　点：_____

首席仲裁员：请书记员查明当事人、代理人及相关人员是否到庭。

书记员：报告首席仲裁员，申请人、被申请人、代理人及相关人员均已到庭，身份已核实无误，仲裁庭准备工作就绪，可以开庭，报告完毕。

首席仲裁员：请书记员宣布仲裁庭纪律。

书记员：（宣布仲裁庭纪律）。

　　首席仲裁员：根据《农村土地承包法》和《农村土地承包经营纠纷调解仲裁法》等法律法规和国家政策规定，本庭依法对申请人提请的土地承包纠纷一案进行开庭审理并作出仲裁裁决。

　　首席仲裁员：（宣布开庭、仲裁庭组成情况）。

　　首席仲裁员：向当事人及第三人询问是否申请回避。答：……

　　首席仲裁员：告知当事人及参与人的权利和义务。答：……

　　首席仲裁员：现在进行庭审调查。当事人应对申请书的申请内容进行发言、询问和举证，不得起哄、诱证和进行人身攻击。

　　首席仲裁员：下面请申请人宣读申请书。申请人宣读申请书……

　　首席仲裁员：申请人，你是否还有补充的。答：……

　　首席仲裁员：下面请被申请人进行答辩。被申请人答辩……

　　首席仲裁员：下面由委托代理人提问。代理人提问……

　　首席仲裁员：下面进行举证质证。

　　首席仲裁员：举证完毕，下面进行辩论。

　　申请人发言：

　　申请人委托代理人发表意见：

　　被申请人发言：

　　被申请人委托代理人发表意见：

　　第三人发言：

　　第三人委托代理人发表意见：

　　首席仲裁员：下面由当事人进行最后陈述。

　　申请人：

　　被申请人：

　　第三人：

　　首席仲裁员：下面进行调解。当事人，你们是否同意调解？（调解过程）

首席仲裁员：现在休庭。（仲裁庭进行合议，作出裁决）。

注：庭审结束后，由当事人、第三人和其他参与人对庭审笔录进行确认。确认无误后，仲裁员、记录人员、当事人、第三人和其他参与人签名、盖章或者按指印。

代表人身份证明书

×××仲裁委员会：

兹推选_____作为我方参加_____诉_____纠纷仲裁活动的代表人，其参加仲裁活动的行为，对全体推选人发生效力。

特此证明。

推选人：（签名、盖章或者按指印）

年　　月　　日

附：代表人情况

姓名	性别	住址 邮编	电话

授权委托书

×××仲裁委员会：

兹委托_____作为我方代理人，参加_____纠纷仲裁活动。其代理权限为（请在以下权限中选择，可多选）：

（　　）提出、承认、变更、撤回、放弃仲裁请求；

（　　）进行答辩，提出、承认、变更、撤回、放弃仲裁反请求；

（　　）约定仲裁庭组成方式、选定仲裁员；

（　　）参加开庭审理、陈述事实及代理意见并参加调查、质证活动；

（　　）接受调解、和解；

（　　）其他_____（请注明）_____。

代理人工作单位：_____

职务：_____　联系电话：_____

委托人：（签名、盖章或者按指印）

年　　月　　日

委托鉴定函

×××农仲案［×××］第×××号

（鉴定单位名称）：

我委审理的_____与_____纠纷一案，现委托贵单位对_____材料进行鉴定。请于____年____月____日前将鉴定结果回复我委，送去的鉴定材料，也请一并退还。

鉴定事项：_____

_____

_____

年　月　日

（仲裁委员会盖章）

仲裁委员会地址：_____邮编：_____
联 系 人：_____联系电话：_____

送达回证

受送达人	文书名称	份 数	送达地点	送达日期	受送达人签名 （盖章或按指印）
送达人					

备注：

注：

1. 受送达人是自然人，但本人不在场的，由其同住成年家属签收；受送达人是法人或者其他组织的，应当由法人的法定代表人、其他组织的主要负责人或者该法人、组织负责收件的人签收。

2. 留置送达的，应在"备注"栏内记明拒收理由和日期，由送达人、见证人签名、盖章或者按指印，将仲裁文书留在受送达人住所。

图书在版编目（ＣＩＰ）数据

农村征地补偿及土地承包维权法律手册：案例应用版/孙才涛著. —北京：中国政法大学出版社，2015.2
　　ISBN 978-7-5620-5925-7

Ⅰ．①农…　Ⅱ．①孙…　Ⅲ．①农村－土地征用－补偿－法规－基本知识－中国②农村土地承包法－基本知识－中国　Ⅳ．①D922.395②D922.4

中国版本图书馆CIP数据核字(2015)第040542号

出　版　者	中国政法大学出版社
地　　　址	北京市海淀区西土城路25号
邮寄地址	北京100088信箱8034分箱　邮编100088
网　　　址	http://www.cuplpress.com（网络实名：中国政法大学出版社）
电　　　话	010-58908285(总编室)　58908334(邮购部)
承　　　印	固安华明印业有限公司
开　　　本	880mm×1230mm　1/32
印　　　张	8
字　　　数	190千字
版　　　次	2015年5月第1版
印　　　次	2020年6月第2次印刷
定　　　价	18.00元